子どもの貧困に向きあえる学校づくり

地域のなかのスクールソーシャルワーク

鈴木　庸裕・丹波　史紀・村井　琢哉・古関　勝則
佐々木千里・梅山　佐和・朝日　華子 ◎著

かもがわ出版

はじめに

　「子どもの貧困」をめぐる今日的な議論は、「家庭状況を知ってもわれわれには何もできない」と悩み、目の前の子どものつぶやきや姿に心を痛めてきた教師たちに、一筋の光明を示したと見てよいと思います。貧しさや困難さと真正面から向き合うことが難しかった学校教育の苦悩の姿が、世の中へ映し出されました。

　学年や全校のなかでは大きく取り扱えず、家庭状況にも口を出せず、校内には「家庭不可侵」という慣習があり、自分から手を打つ術がなく肩を落としてきた教師にとって、「子どもの貧困」は、すでに一人（一職種）で対応することではないという時代の到来を示したのではないでしょうか。話題としても大きく取り上げられたことは、教師が家庭の生活困窮や貧困に接近できる勇気と希望を生み出すきっかけになったのではないでしょうか。

　このように、貧困による子どもたちの孤立に気づいても、周囲の関係者とそのことが共有できずにいたのは、ひとり教育関係者だけではありません。福祉、心理、医療、保健など、子どもに関わる人びとにとって、その苦悩は同様であり、「子どもの貧困」をめぐって共感し合えることがたくさんあると思います。

　貧困の定義には、「世帯年収が基準以下」といった経済的な貧困ラインで推し量る見方があります。そこに偏りがあるのは承知の上ですが、「ぼろは着てても心は錦」とか「心の貧困」「年収１億でも貧困家庭」といった情緒的なとらえ方や、「関係性の貧困」といった抽象的理解では、具体的な取り組みがぼやけてしまいます。まずは関係者が「収入」という共通理解の基盤を揃って持って１つのテーブルに座る、という作業が大切ではないでしょうか。

　ご存じのように、スクールソーシャルワーカーが日本の教育施策に取り入れられ、学校におけるソーシャルワークの担い手として学校教育法施行規則に明示されました。その配置が全国的にひろがるなかで、子どもの貧困や生活格差と向き合う学校づくりが本格化する兆しもあります。教師や保育士などの同僚間だけでなく、地域の社会福祉サービス提供者や児童デイサービス、学童保育、子ども食堂や学習支援などに関わるNPOのスタッフと学校教育との協働の輪も築かれつつあります。

　本書は、子どもを取り巻く社会状況や地域のくらしの現実をふまえながら、子どもたちの生活に寄り添った問題軽減の筋道を考えていきます。

　序章（鈴木庸裕）では、家庭の経済的背景と学力との関係や21世紀型学力論などを抱えた学校が、今日、子どもの貧困と向き合ううえで何が大切になるのかを論じています。

　第1章（丹波史紀）では、近年、全国各地の自治体で実施されている貧困調査から読み取った「みえない貧困」について論じます。生活困窮調査を教師や子ども家庭福祉（児童福祉・子育て支援）に携わる者が何をどう読み取ればよいのか。地域のひとり親支援の活動、反貧困ネットワークの取り組みを通じた視点からの提案です。

　第2章（村井琢哉）は、地域から学校へのつながりのなかで、「地域の人びとの関係性が貧困を克服する」について、子どもの放課後や夕刻の支援とその地域での取り組みが教師や学校の貧

困へのまなざしをいかに深めていくのか。そして、地域から学校自体が支えられる仕組みをどのようにつくっていけばよいのか。地域に根づいた子どもの貧困問題を、教職員とともに考える糸口が満載です。

第3章（古関勝則）は、生活指導教師として、「子どもの貧困」を子どもの生活課題や発達要求への接近としてとらえ、教室の子どもたちや保護者とともに子どものしあわせを具体的に高めてきた実践です。

第4章（佐々木千里）では、貧困問題にコミットする「支援のデザイン」として、スクールソーシャルワークによる貧困問題への固有な見立て（アセスメント）について詳述しています。多様な問題がからみあう教育問題のなかで、包括的なアセスメントをどう進めていけばよいのか。学校での相談や教育実践のなかで主訴としては現われにくい貧困について、どのような包括的なアセスメント＝デザインがその後の実践への助言や共同を生み出すかについて提案します。

第5章（梅山佐和）は、非行の背景に見える貧困と生活困窮についてです。貧困と非行との関係性をいかに客観的にとらえていくのかはとても難しいテーマです。この章では、家庭や地域の崩壊をめぐる地域アセスメント、学校アセスメントを通じ、養育経験や学習環境から排除されてきた子どもたちへのソーシャルワーク実践の根拠を理論的に論じます。

第6章（朝日華子）のテーマ「家族のケアを担う子どもとの出会いから」は、保護者やきょうだいなど家族の介護にあたる高校生（ヤングケアラー）を中心に、ソーシャルワークを通じた青年期課題と社会福祉サービスの架け橋の局面が描かれています。スクールソーシャルワークの原点となる実践です。

どの章にも共通しているのは、生活や学習、生き方の権利保障が貧困の再生産を軽減するという未来志向的な提案です。また、巻末のQ&Aでは、教育実践と貧困問題を結びつける気づきや糸口を私たちみずからの手元に呼び込むようなエピソードや考え方を紹介しています。

本書は、『子どもが笑顔になるスクールソーシャルワーク』（2014年・かもがわ出版）、『子どもへの気づきがつなぐ「チーム学校」』（2016年・かもがわ出版）に続く3作目でもあります。これまでの2冊は、教育課題のカテゴリーでは、不登校、発達障害、子どもの虐待、保護者参加、いじめ、学校事故といった教育現場での困難事例をもとにまとめてきましたが、本書では、さらに教師の実践力回復につながる気づきややりがいのある学校づくりをめざし、「子どもの貧困」を軸にして企画を構成しています。みなさまのお役に立てればうれしく思います。

筆者を代表して

鈴木庸裕

目次

「子どもの貧困」と向き合うこと

1 家庭の社会経済的背景と学力の関係

　学校関係者にとって、「子どもの貧困」への関心は戦後教育実践の総決算と言えるものではないでしょうか。大人や親の生活困窮問題の陰に隠れていた子どもの貧困そのものが表に出てきたこと。そして、子どもが貧困、差別、不利、社会的排除をどう見てどう感じているのか。こうしたことに目を向けると、「子どもの貧困」は、ひとり親家庭やドメスティックバイオレンス（DV）、性的マイノリティ（LGBT）などと並んで、長い時間かかってようやく「社会的課題」に挙がってきたといえます。ただ、遅すぎました。

　戦後教育の総決算というのは、所得と学力との相関をはじめて認めた上で、家庭の経済的背景や生活困窮と学力格差の関係が、その克服に向けた教育施策に取り入れられたということです。

　「全国学力・学習状況調査」では、都道府県別、あるいは各学校別の学力正解率や順位が報告されます。調査は主体的・対話的で深い学びによる学習指導への改善を目的としているようですが、PISA調査の正解率をめぐる海外比較（競争）の国内版となり、その数字に一喜一憂する点で、地に足の着いた日々の教育活動の妨げになっています。そもそもここで言われる子どもの資質・能力が、貧困による生きづらさを乗り越える能力になりうるのか。子どもたちの将来と21世紀スキルがいかに関わるのか。そういった問いにこたえるものにはなっていません。

　2016年の「全国学力・学習状況調査[(1)]」では、就学援助率や授業態度、道徳性などとのクロス集計を行った結果として、就学援助率の高い学校は学力が低いと言います。これはなるほど現実かもしれません。しかし、そのほかにも注目したい結果があります。それは、「自分の考えが伝えられる」「私語が少ない」「教師の課題指示が明確な授業を受けている」場合、就学援助率との高低に関係が認められないという点です。これは、「貧困―運命―

自己責任」という連結は一つの幻想であり、十分それを覆すことができるということを意味しているのではないでしょうか。

「全国学力・学習状況調査」では、家庭の社会経済的背景と学力の関係把握に用いられているSES（Service Evaluation System）調査という評価システムが活用されています。これは、サービスの品質評価を調査・分析するために、容易に利用者の評価や満足度を収集し、手軽に集計・分析できるツールです。学校や教師の競争力とイノベーション促進を図るため、競争力強化を目的として、いわば「顧客満足度指数」に活用されるものです。調査の設問、集計、分析の方法によって、結果が操作できるアンケート主義の魔物性がここにあらわれます。このサービス評価システムによって数値化されるものに、「チームとしての学校」「アクティブ・ラーニング（A・L）」「カリキュラム・マネジメント（C・M）」「コミュニティ・スクール」があります。アクティブ・ラーニング（深い対話と学び）とは、子どもの自由と尊厳が位置づく学習活動であり、けっして数値だけで示されるものではありません。

21世紀型学力論[(2)]は、今後2020年代から2030年代を見通す近未来への展望になります。ゆえに子どもの貧困問題は、いま、しっかりと考えていかねばなりません。近年の子どもの貧困に係わる法律もその一つです。濫立気味の議員立法によるもので、義務教育標準法（教職員や学級数の定数）のように教育行政の根幹に関わる法律に軸足をもたない、その時々の財政や政府の意向で振り回されるものが多いのですが、「宙に浮いた法律」ではすまされません。

2 非行・いじめ・不登校・虐待は、貧困・孤立・排除と一体化したもの

学校には、授業中、席に座っていること、学校を遅刻・欠席しないこと、諸経費は滞納しないことなど、あたかも問題を起こさない人が優秀であるという「差別」を正当化するような「優生思想」のごとく取り扱われて疑わない文化があります。

「子どもの貧困」への気づきは、これまでの不登校の定義を見直すことになります。文部科学省は毎年『児童生徒の問題行動調査』を実施しています。不登校児とは、何らかの心理的、情緒的、身体的、あるいは社会的要因・背景により、児童生徒が登校しない、したくともできない状況にある者とされ、30日以上の欠席を目安にしています。「ただし、『病気』や『経済的理由』による者を除く」とあります。

「指導要録」で「病気」とは、本人の心身の故障等（けがを含む）によって入院や通院、あるいは自宅療養等のための長期欠席を指します。自宅療養とは、医療機関の指示がある

場合のほか、自宅療養を行うことが適切であると子ども本人の周囲の者が判断する場合も含みます。また、一般に経済的理由とは「金銭に関する事情を原因や根拠として持つさま。お金がない、お金がかかる、儲かる、などが理由となっているさま」（広辞苑）を指します。学校教育でいう「経済的理由」とは、家計が苦しく教育費が出せない、児童生徒が働いて家計を助けなければならない等の理由を示します。周知の通り、「不登校」の具体例では、友人関係または教職員との関係に困難を抱えて登校しない（できない）、遊ぶためや非行グループに入っていて登校しない、無気力で何となく登校しない、迎えに行ったり強く催促したりすると登校するものの長続きしない、登校の意志はあるが身体の不調を訴え登校できない、漠然とした不安を訴え登校しないなど、不安を理由に登校しない（できない）という基準があります。

　日本の学校教育と貧困問題を振り返ってみると、戦後、子ども全員に行き渡る机や教材・教具をどう補充するか、すきま風の入らない校舎を地域住民とどうつくるのかに始まり、「貧困児の長欠問題解決」としての放課後補習は、教師の手弁当や自治体の補助で行われていました。1970年代まで行われていた「子ども貯金」を覚えている方はどれくらいおられるでしょうか。大きく変わってくるのは1980年代に入ってから、諸経費の未収を「未納」と呼ぶようになってからです。未収は債権者の責任ですが、未納は債務者の責任です。払わない人が悪いという自己責任論が生まれ、世の中の給食費問題が変わりました。「貧すれど賢に」といった道徳主義的鍛錬観がはびこっていた学校に、教育の議論を飛び越えて、支払うという行為だけが浮かび上がってしまいました。

　今日、急速に拡がる子ども食堂や学習支援（無料塾）にはいささかの危惧があります。子どもには食べ物と勉強を提供すればいいというわけではありません。中高生のヤング・ケアラーが教室で嫌がらせやからかいの対象になったり、お風呂に入らないことで「くさい」と嫌がらせや蔑みがあったりするときに、教師にいじめの問題として取り扱われると貧困の問題が気づかれないケースもあります。教材や給食費の集金日になると学校を休む子どももいます。本書で述べられる非行（ストレス）やネグレクト（孤立・不安）の要因に貧困が隠されている場合もあります。もっとも日本の学校では、不登校という言葉が、貧困に関わる数多くの個別的な対象要因をひとまとめにしすぎているという課題があります。

３　貧困環境をつくりかえる主体的な担い手へ

　2017年度文部科学省予算は、「我が国が引き続き成長・発展を持続するためには、一人一人の能力や可能性を最大限引き出し、付加価値や生産性を高めていくことが不可欠であ

り、誰もが活躍できる『一億総活躍社会』の実現に向けて教育再生のための取組を強力に推し進めることが必要」だと述べています[(3)]。その中には三つの軸があり、一つめが「社会を生き抜く力の養成」として「次世代の学校」創生と地域と学校の連携・協働。二つめが「未来への飛躍を実現する人材の養成」として大学等の基盤的経費の充実やグローバル人材の育成。三つめに「学びのセーフティネットの構築」として、給付型奨学金制度の実現、発達障害等の子どもへの「通級による指導」や外国人児童生徒等教育の充実、貧困等に起因する学力課題の解消、いじめ・不登校等の未然防止・早期対応等の強化、部活動指導に係る教員の負担の適正化があります。

　教師にとっては、学習指導要領改訂による「社会に開かれた教育課程」の授業改善（外国語や理科、体育などの小学校専科指導の充実や「アクティブ・ラーニング」の充実）が、教職員定数の増員になることなどに関心が向いていると思います。しかし、大切なことがあります。子どもたちは貧困の客体ではなく、その環境に働きかけ、つくりかえていく主体であるということです。そしてそれを保障されるだけでなく、自ら獲得するものだという考えです。その意味で、たとえ幾度も困難や失敗があったとしても、そこに学べるものがあるという環境をつくりだす、というとらえ方が大切になります。そうでないと、対立する見解を教えないという点で、先のアクティブ・ラーニングの趣旨に反します。

4　多職種協働でなければ貧困問題を解けないPDCAサイクル

　学校・各行政機関に導入されている「PDCAサイクル」型会議では、「貧困」は見えてきません。2020年に向けた教育課程や学習指導要領の改正、道徳の教科化、小学校での英語の位置づけと時間増、21世紀教育スキルなどに潜んでいる学力観。学校・教師個々人の資質や能力・技術によって「貧困」問題を克服しようとする、いわば教職員の「自己責任」と困窮当事者の「自己責任」という「ダブル自己責任」論の世界。それらを超える提案を示したいと考えています。発達障害児が13人に1人、貧困世帯の子どもが6人に1人。そんなにたくさんいる多数派なのに、排除思想の対象となっています。

　そんなときに、学校の関係委員会やチーム会議でのPDCAサイクルは活かされるのでしょうか。PDCAサイクルとは、Plan（計画）→Do（実行）→Check（評価）→Action（改善）を繰り返すことです。意識してPDCAを回すからこそミスが起きる原因がわかります。その原因を探り特定しないようでは、いつまでたっても同じ失敗を繰り返すことになります。本気で貧困問題に取り組むのであれば、「Action（改善）」をこそしっかりやるべきです。

　しかし、これは個力（個人の努力）を背景にした、専門職個人やプロジェクトチーム単

体の作業を指すものです。そうではなく、「Check（評価）」の部分は、「実践者」「当事者」「第三者」という三者が存在することではじめて成立するという考え方が大切になると思います。担任と子ども本人ともう一人の同僚教員、スクールソーシャルワーカーと当事者と他職種の専門家の協議です。見立て（アセスメント）はこの三つの目で行いませんか。私と当事者、そして自分とは違う専門家の三者が集まってはじめて成立する行為。しっかりアセスメントをしてもらえることは、子どもにとっての権利であるというとらえ方です。これからは「二者ではできない」という組織原理を明確にもつことです。

　子どもたちが自分の可能性を信じて前向きに挑戦することにより、未来を切り拓いていけるようにすることが必要です。しかしながら、子どもたちの将来がその生まれ育った家庭の事情等に左右されてしまう場合が少なくないのも現実です。これは「子どもの貧困対策に関する大綱」（2014年）が私たちに示した課題です。

　人びとの生い立ちなどを運命としてとらえる時代に終わりを告げる。人びとを支援の枠で囲い込んでしまうのではなく、あたりまえの生活のなかでともに生きていくことを実現する。いま、そうした教師とスクールソーシャルワーカーとの協働の姿が、子どもの貧困対策に関わる地域の多様な人びとへのロールモデルになることが求められています。本書の副題を「地域のなかのスクールソーシャルワーク」としたのは、こうした点を提案したいと考えたからです。

[注]
(1)国立教育政策研究所（2016）「平成28年度全国学力・学習状況調査　調査結果のポイント」http://www.nier.go.jp/16chousakekkahoukoku/16hilights.pdf
(2)国立教育政策研究所編（2016）『資質と能力（理論編）』東洋館出版社
(3)文部科学省（2017）「平成29年度文部科学関係予算（案）のポイント」http://www.mext.go.jp/component/b_menu/other/__icsFiles/afieldfile/2017/01/12/1381131_01_1.pdf

[参考文献]
『子どもの貧困／不利／困難を考えるⅠ』埋橋孝文他編著（2015）ミネルヴァ書房

「貧困調査」が語る「みえない貧困」

1 各地の子どもの貧困調査から貧困の実相を読み取る

　格差・貧困が再び社会問題になった2000年代以降、働く人びとや、派遣切りや雇用の不安定化のなかで貧困に苦しむ人、少ない年金暮らしで経済的困難におかれている高齢者、女性やひとり親家庭の貧困など、さまざまな生活困難・貧困におかれた人びとの実態が明らかにされてきました。2008年に阿部彩氏が『子どもの貧困─日本の不平等を考える』（岩波新書）を出されるなど、「子どもの貧困」に関わる議論が展開されると、メディアでも「子どもの貧困」に関わる報道や議論が行われるようになっていきました。さらに、基本的に「自己責任」を問うことのできない子どもの貧困が明らかにされるなかで、無保険状態にあり病院にかかることができない子どもへの対応や「高校無償化」など、子どもの貧困解決に向けた対応がなされるようになってきました。

　しかし、私たちの身近な地域をみると、子どもの貧困に関わる十分な実態の解明がされてきたわけではありませんでした。特に、都市部を中心として就学援助率の高さや、保育所及び学校における給食費や諸経費の未納などが報じられる状況においても、地方における地縁・血縁の強さを理由に「都市部とは違い、そのような実態は顕著に現れていない」という風潮がありました。

⑴ 2010年、福島県における子どもの貧困調査

　こうしたなかで、筆者も関わる反貧困ネットワークふくしまが2009年末に相談会を行う取り組みのなかで、子どもや若年層に現れる貧困状態にふれ、福島県においても子どもの貧困の実態把握の必要性が感じられるようになってきました。

　そこで筆者は、福島県における子どもの貧困に関する調査を2010年1月に行いました。

福島県内の保育所・小学校・中学校・高校・特別支援学校・学童クラブ・児童福祉施設の約1400か所を対象にした郵送法によるアンケート調査です。回収率は22.2％（n = 315）と決して高くはありませんが、数多くの自由記述をはじめ、保育や学校現場あるいは福祉施設で現れる子どもの貧困を「顕在化」させる上で有効な調査でした。

　同調査では、「この5年間に、通学（利用）する子ども及びその家族の経済環境が悪化した」と感じるかという設問では、全体の62.1％が「感じる」とこたえました。特に、中学校では7割、高校では8割を超えて「感じる」と回答しました。

表1　5年間に子どもとその家庭の経済環境が悪化したと感じるか

| | | | 悪化 | | | 合計 |
			感じる	感じない	不明・無回答	
種別	保育所	度数 （%）	42 54.5%	32 41.5%	3 3.9%	77 100.0%
	小学校	度数 （%）	84 63.2%	46 34.6%	3. 2.3%	133 100.0%
	中学校	度数 （%）	32 74.4%	8 18.6%	3 7.0%	43 100.0%
	高校	度数 （%）	18 85.7%	3 14.3%	0 0%	21 100.0%
	特別支援学校	度数 （%）	3 42.9%	4 57.1%	0 0%	7 100.0%
	学童クラブ	度数 （%）	11 42.3%	14 53.8%	1 3.8%	26 100.0%
	児童福祉施設	度数 （%）	5 71.4%	2 28.6%	0 0%	7 100.0%
合計		度数 （%）	195 62.1%	109 34.7%	10 3.2%	314 100.0%

　自由記述では、さらにその実態が明らかになってきました。

　　母子家庭（小学校女児低学年）「母（50代）がリストラされて無職となったため収入がなくなり、集金等が払えなくなる。冬季電気が止められ、暖房が使えなくなったとの情報を近隣の方より受け、担任がストーブ、食料等を持って家庭訪問する」
　　中学生「家の周り、家の中は整理されておらず、使用できないものやゴミが散乱している壁が壊れていたり、ガラスが割れて無かったりもしている。制服、Yシャツ、ジャージ、Tシャツは1着ずつしかなく、また洗濯もされず着つづけているので汚れや臭いがひどい。不登校で保護者の支援が受けられないため学習の機会がなかったことで、ひらがなを書くのがやっとである」
　　小学生「歯科医受診できず、う歯が悪化し、入院治療に至った」

中学生「母子家庭で高校に行かせる余裕のない女子生徒。本人は運動能力が高くバレー
　　　ボールのエースアタッカーであったが、母が働くレストランで共に働くことになった」
高校「大学へ進学したいが、親が片親であったり、きょうだいが多い、または親は定職
　　　に就いておらず、代わりに生活費を稼がなければならないなどという理由から、就職
　　　せざるを得ない子どもが増えている。授業料や進学用経費がまかなえず、進路変更を
　　　余儀なくされたケースが数件」

　この調査で明らかになったことは、都市部のみならず地方都市においても子どもの貧困
が厳然として存在すること、さらに、どの保育所や学校等においても数は決して多くはな
いかもしれませんが、教育現場の先生たちが「子どもの貧困」と日常的に接しているとい
う事実でした。こうした貧困の実相を明らかにしていこうという取り組みが各地でみられ
ました。

(2) 子どもの貧困対策推進法

　2011年頃より「なくそう子どもの貧困」全国ネットワークの集まりなどで、あしなが
育英会で活動する高校生や大学生らが発案し、子どもの貧困を解決するための制度化の議
論が行われるようになっていきました。これが大きな機運となって、2014年には議員立
法で「子どもの貧困対策推進法」がつくられました。大事なのは、当事者である子どもた
ちが発言し、大人たちも協力して制度づくりに取り組んでいったということです。

　「子どもの貧困対策推進法」では、「子どもの将来がその生まれ育った環境によって左右
されることのないよう、貧困の状況にある子どもが健やかに育成される環境を整備すると
ともに、教育の機会均等を図るため、子どもの貧困対策に関し、基本理念を定め、国等の
責務を明らかにし、及び子どもの貧困対策の基本となる事項を定めることにより、子ども
の貧困対策を総合的に推進する」ことを目的としました。同法に基づいて、2014年8月
に「子供の貧困対策に関する大綱」を閣議決定し、子どもの貧困対策に関する基本方針を
示すとともに、子どもの貧困をあらわす指標とその指標の改善に対する施策、子どもの教
育・生活・保護者の就労や経済的支援を展開することとしました。

　さらに、地方自治体において、子どもの貧困対策の施策を展開するための計画づくりが
「努力義務」とされ、そのための調査研究も位置づけられました。法制定当初の指標は教
育面を中心にしたものが多く、子どもの家庭生活や福祉の領域に関わる指標が十分ではな
いという課題がありました。そこで2017年3月に新たな指標が追加され、「朝食欠食児童・
生徒の割合」や「ひとり親家庭の親の正規雇用の割合」などが加えられました。このよう

に、「子どもの貧困」を幅広い視点で捉えようという流れになってきています。

　特に、同法に基づいて各地の自治体における子どもの貧困調査が実施されたことは重要です。大阪府や沖縄県をはじめ、各地で子どもの貧困調査が実施されました。

　例えば足立区では、2015年度と2016年度の２回にわたって「子どもの健康・生活実態調査」が行われました。2015年度の調査では、区内の小学１年生全員（5,355名）を対象に調査を実施、翌年には継続調査として小学２年生全員（5,351名）と、新たに小学４年・６年・中学２年生の一部（1,444名）を対象に実施されました（第１回調査は、足立区「子どもの健康・生活実態調査　平成27年度報告書」2016年４月、第２回調査は「第２回子どもの健康・生活実態調査　平成28年度報告書」2017年４月として公開されている）。

　第１回調査では、「生活困難層」と「非生活困難層」を比較すると、「生活困難層」の家庭の子どもに虫歯の本数が多く予防接種を受けていない割合が高いことや、「生活困難層」の親のほうが「相談相手がいない」割合が高いという結果となりました。第２回調査ではさらに、朝食欠食の割合が「非生活困難層」に比べ「生活困難層」のほうが多い傾向にあることや、１か月の読書量にも差が生じている結果が現れました。足立区の調査結果は、「生活困難層」が「非生活困難層」に比べ、さまざまな指標において格差が生じていることを示すだけでなく、困ったときに保護者に相談できる相手がいることや、子どもが運動・読書習慣を身につけることで、生活困難を改善することができるといった施策の方向性がみえてきました。

⑶ 2016年、福島市の調査

　ここでは、2016年９月に行われた福島市の調査（福島市「福島市子どものいる世帯の実態把握調査」2017年３月）についてとりあげます。福島市内の小学校５年生全世帯（2,390世帯）を対象にしたもので、高い回収率91.8％（回収数2,194票）となりました。保護者のみならず、子ども自身にもこたえてもらいました。同調査では、内閣府が実施した「親と子の生活意識に関する調査」による算出方法を用いて、「生活困難（想定）層」と「非生活困難（想定）層」を抽出・分析しました。

　福島市の子どもの貧困調査の結果、小学５年生本人からの回答では、「非生活困難（想定）層」に比べ、「生活困難（想定）層」の子どもたちが、「頑張れば夢や希望がかなう」「自分はみんなから大切にされている」等の項目において約８〜11ポイント低くなっていました。

　保護者の回答においても、将来の子どもの最終学歴に対する希望について、「受けさせたいが経済的に受けさせられない」と感じている「生活困難（想定）層」の保護者は「短

大・高専・専門学校までの教育」が32.6％、「大学または大学院までの教育」が46.4％にのぼり、非生活困難（想定）層と比べると、24.4ポイント、31.2ポイントの差が生じていました。

　また、「暮らしの状況」について聞いたところ、「大変苦しい」とこたえた「生活困難（想定）層」は34.8％と、「非生活困難（想定）層」の6.1％に比べ、高い状態にありました。

　福島市の調査の特徴は、子どもの修学・生活費用等が増える５年生を対象にしたこと、

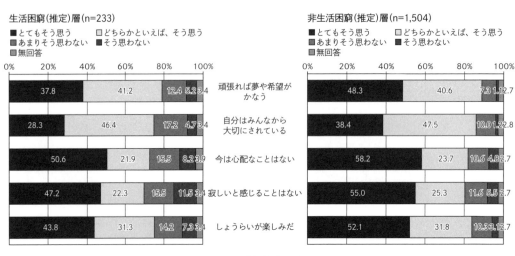

図１　子ども自身の思い

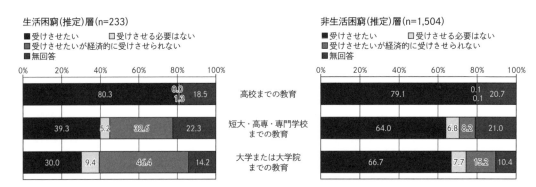

図２　子どもにどの段階まで教育をつけさせたいか

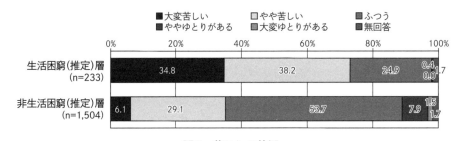

図３　暮らしの状況

対象の一部だけを抽出する調査方法でなく、市内に通う小学生の一学年すべてを対象にしたことでした。さらに、回答も保護者にこたえてもらうだけでなく、小学5年生本人からも回答してもらいました。これは、「当事者」である子どもたち自身の声を大事にしようとする姿勢からです。

　貧困層を想定した調査は、生活保護世帯やひとり親世帯、あるいは就学援助受給世帯などを対象に行われるものが多いのですが、日本の社会保障制度は「捕捉率」が低く、実際にその対象にある状態にありながら制度を利用していない「漏給」が課題となっています。そのため、特定の世帯だけを対象にした場合、実際の貧困層の実相の把握に課題が残ります。さらに言えば、「子どもの貧困対策推進法」の理念は、「子どもの将来がその生まれ育った環境によって左右されること」なく、「全ての子どもたちが夢と希望を持って成長していける社会の実現」にあります。その趣旨からすれば、単に経済的困難にだけ着目するのではなく、子どもたちのおかれたさまざまな「困難」を総合的・多面的に把握することが大事です。

2　「子どもの貧困」をどう捉えるか

(1) 相対的貧困率をめぐって

　2015年度の「国民生活基礎調査」の結果を見ると、日本全体における子どもの貧困率は13.9％に対し、子どものいる現役世帯において「大人が1人」である世帯の貧困率は50.8％となっています。つまり7人に1人は貧困・低所得状態におかれていることになり、先進国のなかでも高い水準に位置しています。こうした結果は、貧困問題が決して一部の人びとの問題でないことを明らかにしています。

　特に、日本のひとり親家庭の相対的貧困率は、世界的に見てもとりわけ高い水準を示しています。その一方で、日本のひとり親家庭は、親の就業率（母子家庭の母は80.6％、父子家庭の父は91.3％。いずれの数値も平成23年度「全国母子世帯等調査」による）が非常に高いのに、貧困率が改善しないことも明らかにされています。親の就業が貧困率の解消に必ずしも貢献しているわけではないのです。

　ここで注意しなければならないのは、「相対的貧困率」が高いか低いかで評価するのではなく、一人ひとりの子どもたちのおかれた困難の実態をつかみながら貧困の実像を理解することです。「相対的貧困率」が13.9％に上るという数字をもって貧困が子どもの7人に1人の割合で存在すると言われることで、日本の貧困の深刻さを再確認する人もいれば、

日常の生活で遭遇する子どもたちの様子からその数字とのギャップを感じる人もいるでしょう。「相対的貧困率」は、貧困の実態をあらわす一つの目安（指標）でしかないのです。

　もともと「相対的貧困」という考え方は、1960年代後半から1970年代にかけてイギリスやアメリカで議論されはじめたものです。それまでは生理的な生存条件を基準とした厳格な貧困概念（「絶対的貧困」）が使われていました。戦後の消費社会の発展と戦後福祉国家の形成によって、その概念による貧困率が急減しました。そのため、「もはや貧困はなくなった」という議論さえ行われました。これに対し、イギリスのピーター・タウンゼントが、地域であたりまえの生活スタイルから排除されたり取り残されたりしている人たちの存在を確認し、通常の市民が営んでいる地域生活との「相対」によって貧困を捉えようとしました。これが「相対的貧困論」の出発です。

　現在OECD諸国などで用いられている「相対的貧困率」は、可処分所得の「中央値」の半分以下の所得しかない世帯を指しています。しかし、それは可処分所得という「フロー」の部分に着目した指標でしかありません。実際の生活では、土地・建物や預貯金などの資産といった「ストック」も合わせてみなければいけないわけですから、「相対的貧困率」というのは貧困の実相をあらわす指標の一つにすぎないということがわかるでしょう。

　貧困は、決して経済的困難のみにとどまる問題ではありません。さまざまな生活必需品や教育費用の欠乏、さらには人生のさまざまな場面において経験すべき事柄が経済的困難のために欠乏する状態も指しています。子ども期において考えた場合、のびのびと遊ぶ、必要な教育活動を体験する、友だちとの関係のなかで成長する、家族と旅行に行くなどの経験ができない「経験の貧困」もその一つです。

(2) 子どもの権利の視点で貧困をとらえる

　子どもの権利条約では、「生存・発達の権利」「教育への権利」「親を知り養育される権利」「親による虐待・放任・搾取からの保護」「健康・医療への権利」「子どもの身体的・精神的・道徳的及び社会的な発達のための相当な生活水準の権利」「休息・余暇、遊び、文化的・芸術的生活への参加」など、生命、教育、生活、健康、遊び、文化などの社会的諸権利を認めています。またユニセフ『豊かな国々における子どもの貧困』（2005年）のなかでは、「子どもの貧困」を「生存し、成長し、成功するために必要な物資的、精神的、情緒的な資源が奪われていて、そのために、自らの権利を享受し、持てる能力を発揮し、社会の完全で平等な構成委員として社会参加できない」状態としています。子どもが子どもらしく遊び、学び、成長する、そして幸せな環境下で生きていくことができる。こうしたあたりまえの権利が侵害されている状態が「貧困」だと言えるのではないでしょうか。

そもそも、子どもそのものは自ら生活を成り立たせることはできず、「自己責任」を問うことができない存在です。児童福祉法では「全て児童は、児童の権利に関する条約の精神にのつとり、適切に養育されること、その生活を保障されること、愛され、保護されること、その心身の健やかな成長及び発達並びにその自立が図られることその他の福祉を等しく保障される権利を有する」（第1条）としています。おかれた環境に左右されることなく「全ての児童」に成長し発達する権利を有している、としているのです。

(3) 経済的困難と社会的困難

　「子どもの貧困」は、単に経済的困難にとどまらず、学力・健康・生活・進路・社会的経験など、さまざまな社会的不利をもたらします。そして、子ども個人や家族が、地域から社会的に排除されることになるのです。こうした貧困状況にある子ども及び家族は、自ら貧困を脱却する選択肢を狭められ、かつそれを克服する社会的条件や資源を奪われている状態にあることを見過ごしてはなりません。よく「子ども食堂」を開設した団体から、「一番困難な層の子どもが食堂に来ない」という悩みを聞かされます。社会的困難をかかえ、自らそれを克服することに「あきらめ」を感じている、あるいはその当事者感を有していないという場合も少なくありません。こうした子どもや家族とつながっていくには、ねばり強い取り組みと信頼関係を構築していく努力が欠かせません。

　子ども期の貧困は、その時期の社会的困難だけでなく、その後の人生にも大きな影響をもたらします。それは、個人のみならず社会的な損失でもあります。日本財団が行った「子どもの貧困」に関する「社会的損失」を推計した調査研究があります（日本財団子どもの貧困対策チーム『徹底調査　子供の貧困が日本を減ぼす社会的損失40兆円の衝撃』文春新書、2016年を参照）。同調査は、「子どもの頃の経済格差が教育格差を生み、それが将来の所得格差を生み出す連鎖構造によって、どのような経済的・社会的影響が発生するのか可視化する」ことを主眼として、子どもの貧困を放置した場合の「現状放置シナリオ」と子どもの貧困対策を行った場合の「改善シナリオ」を比較、それが子どもの将来生活や社会全体にどのような影響を与えるかを分析したものです。分析の結果は、学歴等の教育格差が将来の雇用形態や賃金格差をもたらし社会的コストを増加させるというものでした。日本財団の推計によれば、子どもの貧困が放置されると、一人当たりの生涯所得が1600万円減少し、一人当たりの財政収入が600万円減少するとしています。これを社会全体でみれば、所得が40兆円強、財政収入が16兆円失われることになります。子どもの貧困が子どもやその家庭にとって損失であるだけでなく、社会全体にとっても大きな損失をもたらします。それを数値で「可視化」する調査は、子どもの貧困解決に向けた社会的合意を広げる

上で、参考になるものです。

3 地域で進む子ども支援の取り組み

子どもの貧困に関する社会的関心が高まるなかで、それを「一時の関心事」にとどめることなく、子どもの貧困を解決する地域の取り組みを広く継続的かつきめ細かく展開することが大事です。

イギリスでは、「相対的貧困論」を展開したピーター・タウンゼント氏が代表も務めたこともあるCPAG（Child Poverty Action Group）が、イギリスにおける子どもの貧困に関する議論について大きな役割を果たしました。CPAGは、1965年に創設されたイギリスにおける最もポピュラーな民間福祉団体の一つです（CPAGの詳細は、http://www.cpag.org.uk。「なくそう子どもの貧困」全国ネットワーク編『イギリスに学ぶ子どもの貧困解決——日本の「子どもの貧困対策法」にむけて』かもがわ出版、2011年などを参照のこと）。

このような団体が、子どもの貧困に関わる実態を明らかにするとともに、解決のための地域的な取り組みをねばり強く行ってきました。その結果、イギリスでは1999年、ブレア政権（当時）が「2010年までに子どもの貧困を半減させ、2020年までには子どもの貧困を撲滅する」ことをマニフェストとして掲げるまでになりました。当時のイギリスにおける子どもの貧困率は約13％と、当時の日本の水準とほぼ同じでした。

日本でも子どもの貧困を解決していこうと、ねばり強い地域の取り組みが進められていました。

例えば、東京都江戸川区では「江戸川中３勉強会」と題し、子どもたちへの学習支援活動を1980年代から約30年間続けています。生活保護を担当するケースワーカーが生活保護世帯の子どもを対象にして、役所の一室で勉強を教えていたことがきっかけとなり、近隣の大学生ボランティアも組織して学習支援活動を展開してきました。同様の活動は、NPO団体など民間団体の取り組みとして、北海道釧路市や埼玉県内各地でも行われてきました。

近年では、食事を欠食する子どもたちの存在が取りあげられ、全国各地で「子ども食堂」を取り組むようになった地域が多く生まれています。もともとは、非行のおそれのある子どもたちに関わっていた保護司の人らが家庭で食事を提供などしたことが出発とされていますが、現在では各地で行われ、公民館を活用したり、民家を借りて行っているところもあります。貧困世帯の子どもだけでなくどの子にもひらかれた場にする、子どもだけでなく高齢者など多世代の「居場所」として活動するなど、工夫をしているところもあります。

朝日新聞の調べによれば、こうした「子ども食堂」の活動が全国300か所を越えるまでに広がっています（2016年7月12日付「朝日新聞」）。

　こうして日本でも子どもの貧困を解決していこうとする取り組みが各地で広がりつつあります。これを持続的に、漏れなく多くの地域で取り組んでいけるようにしていくことが大事です。最後に、こうした各地での子どもの貧困解決に向けて、大事なポイントを取り上げたいと思います。

4　子どもの貧困解決に取り組むためのポイント

(1) すべてを「子ども中心」に

　まず大事なことは、その中心に子どもたちをおくということです。「子どもの貧困」という課題を解決していく議論に、当事者である「子ども」が参加できないのでは十分ではありません。前述の福島市調査では、調査回答の一部を子ども自身にも答えてもらいました。調査において、子どもの実際の声を聞くことができるだけなく、子どもにしてみれば、自分たちの問題に対する意見表明の機会ともなります。

　子どもの権利条約では、子どもを単に保護される「客体」ではなく、権利行使の「主体」として位置づけ、大人と同じように社会的諸権利を有しているとしています。障害者自立支援法が当事者である障がいのある人たちからもその問題点が指摘され、各地で裁判も提起されました。その際に言われたのは「私たちの政策を私たちなしに決めないで」という提起です。これは障がい者の福祉政策だけでなく、子ども施策にも言えることです。さらに言えば、全ての福祉あるいは社会的施策に共通して言えることではないでしょうか。施策の中心に当事者をおくという視点がまず大事です。すべての子どもの「最善の利益」を求め、家庭環境の違いによって子どもの成長・発達の条件が損なわれることがないよう、地域での取り組みが必要です。

　さらに、親が親としての責任を発揮できる支援となるように心がけることです。「子どもの貧困」の実態にふれると、子どもの保護者である親に批判や非難が向けられ、親の養育責任が問われる場合があります。しかし、先述のように、貧困におかれた家庭の多くは、自らが困難を解決する「力」を奪われてしまっていることも少なくありません。

　児童福祉法では、第2条2項において「児童の保護者は、児童を心身ともに健やかに育成することについて第一義的責任を負う」としています。しかし、同3項では「国及び地方公共団体は、児童の保護者とともに、児童を心身ともに健やかに育成する責任を負う」

として、保護者のみならず国や地方自治体にもその「共同の責任」を求めているのです。その点をふまえて「親が親としての責任を発揮できる支援」に心がけることが必要です。

(2) 関係機関がそれぞれの役割を確認しながら連携していく

　「子どもの貧困」を解決する地域の取り組みには、関係する機関が互いにそれぞれの役割を確認しながら連携していくことが必要です。例えば、自治体の部局においても、保育所は児童福祉部局、学校は教育委員会、生活保護等については保護部局、国民健康保険や税金については税の担当部局、水道については水道部局などとわかれています。しかし、生活の困難はさまざまな場面であらわれ、当事者のSOSは必ずしもストレートに担当部局へ行くとは限りません。シグナルは、家庭の水道料金や電気料金を滞納して水道や電気が停められたり、国保料の長期滞納ということもあります。自治体が実施する乳幼児検診の未受診という場合もあります。学校では、給食費の未納や朝食の欠食などが子どもの健康に影響を及ぼしていることもあります。

　このように貧困や困難はさまざまな場面で現れるので、関係機関が子どもを中心におきながら、連携していくことが大事です。自治体では部局間の連携をしておくことはもちろんですが、関係機関や地域とも幅広く連携していくことが必要です。保育園・学校・学童クラブ・病院・民生児童委員・警察など、幅広く連携していくことができます。その場合、虐待児童対策から出発した「要保護児童対策地域協議会」を、広く子どもたちの家庭・環境の困難に目を向け「子どもの貧困」にも対応する組織としていくことも必要です。

　児童虐待問題の調査・研究では、虐待児童の家庭の多くが経済的困難におかれていたり、貧困状態にあることが明らかになっています。例えば、山形県内の児童相談所２か所にお

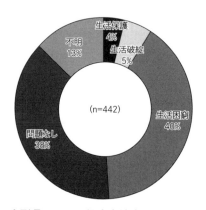

図4　山形県における児童虐待事例分析：経済状態

(注) 調査対象は、山形県内の２ヵ所の児童相談所において対応した平成17年度から平成20年度までの４年間の児童虐待事例を調査・分析したものである。山形県子ども政策室子ども家庭課「児童虐待事例調査分析報告書」2010より作成。

ける児童虐待の経済的事情を検証したところ、「生活保護」４％、「生活破綻」５％、「生活困窮」40％と、およそ半数が経済的な困難をかかえていました。このように、子どもたちのおかれた環境が経済的困難にとどまらず、虐待などを含む「多問題」「問題の重層性」をかかえていることも少なくないのです。

(3) 専門職と当事者の関係性にとどめず広く地域住民を味方に

　さらに、関係機関等の専門職と当事者だけの関係性にとどめず、広く地域の住民の理解あるいは参加を促し、地域住民を味方につけることも重要です。「子どもの貧困」のわかりにくさの一つに、貧困に対する認識があります。敗戦直後の混乱期に現れているような「一億総飢餓」のような状態や、途上国の栄養失調に苦しむ子どもたちのようにギリギリの生存状態を想定した「絶対的貧困」の認識である場合も少なくありません。いくら専門職が当事者へのねばり強い支援を行い、状態が改善したとしても、それが地域に理解されなければ十分とは言えないのです。専門職はいずれ当事者から離れることになります。自立的な生活を地域でおくるためには、地域に子どもたちを「包摂」していくような環境が醸成されていることが大事です。

　精神科医の原田正文氏は、1980年の大阪、その20数年後の神戸と、長年にわたって子育て環境の変化や親子の育児不安の現状について継続的に調査をされてきました。原田氏は、カナダの親支援プログラム "Nobody's Perfect" などを紹介し、親子が「孤立や不安、競争の子育て」から「安心と信頼、共同の子育て」へと、社会全体で子どもの育ちを保証する必要を説き、多様な専門職の支援の必要性をふまえて "親を運転席に！　支援職は助手席に！" と提唱しています。

　筆者は、それに加えて、地域社会の理解と協力が重要であると考えています。原田氏の言葉を借りれば "親を運転席に！　支援職は助手席に！　そして市民を後部座席に！" と、呼びかけたいと思います。

　親と支援職だけでなく、地域の住民の応援や理解があってこそ、その活動はいきてくるのです。場合によっては、学習支援活動や「子ども食堂」のように、広く地域住民の協力によって子どもたちの「自己肯定感や社会的承認が得られる場」として、地域に受け入れられているという実感を培う場にもなり得るのです。

(4) すべての子どもが健やかに育つ地域の環境を育てていくこと

　「子どもの貧困」解決のための施策は、貧困家庭の子どもだけを対象にしたものではな

く、地域のすべての子どもたちがおかれた環境に限らず、広く健やかに育つことができる環境であることが大事です。

なぜ「すべての子ども」を対象にしていくことが大事なのでしょうか。それは、一つには、貧困は社会的な要因によってどの家庭にも起こりうるということです。もう一つは、貧困の「測定」は必ずしも実態を反映したものとは限らず「漏給」が出やすいという課題をかかえています。さらに、どの子も対象にしているということが、困難におかれた子どもたちにとって「貧困」とカテゴライズされることなく、一人の個人として他の子どもたちと同じように大切にされているというメッセージにもなるからです。

その点で参考になる取り組みをしている自治体が、兵庫県明石市です。明石市は「子どもへのトータルな支援の中で貧困対策を実施する」というスローガンとともに、すべての子どもを対象にした子ども施策を展開してきました。

例えば、公共施設での入場料無料化や中学生までのこども医療費無料化（2013年度）、乳幼児の全数面接開始、全国で始めて離婚時の養育費や面会交流の取り決めに関する参考書式を配布（2014年度）、兵庫県内で初めて小学校1年生30人学級を導入、待機児童解消へ受け入れ枠1000人拡大、保育料第2子以降無料化（関西初）（2016年度）、そして2017年度には「明石市子ども総合支援条例（仮称）」の制定や全小学校区に「子ども食堂」開設を計画しています。このように、単に貧困家庭の子どもだけを対象にした施策ではなく、すべての子どもたちを対象にした施策を展開しているのです。

すべての子どもを対象にした「普遍的制度」は、貧困家庭の子どもほど施策の恩恵が大きいといえます。こうした明石市の取り組みが、「子育てしやすい街」として評価され、2012年以降人口がV字回復して30万人都市になろうとしています。明石市では「子どもにやさしいまち」を掲げて取り組んだ施策が、高齢者や障がい者など市民全体が住みよいまちづくりにつながっているのです。

図5　明石市の人口推移

地域に目を向けると、子どもたちや困難におかれた家庭のSOSは、さまざまな形で現れています。それは、既存の調査だけで十分に把握できるものではありません。地域の幅広い「目」と「耳」が向けられることが大事なのです。そして「私たちに温かいまなざしが向けられている」という実感をともなう地域にしていくことが求められています。

[参考文献]
「福島県における『子どもの貧困』調査報告書」丹波史紀（2010）
「子どもの健康・生活実態調査 平成27年度報告書」足立区（2016）
「第2回子どもの健康・生活実態調査 平成28年度報告書」足立区（2017）
「福島市子どものいる世帯の実態把握調査」福島市（2017）
「豊かな国々における子どもの貧困」ユニセフ（2005）
『徹底調査 子供の貧困が日本を減ぼす社会的損失40兆円の衝撃』日本財団子どもの貧困対策チーム編（2016）文春新書
『子育ての変貌と次世代育成支援―兵庫レポートにみる子育て現場と子ども虐待予防』原田正文著（2006）名古屋大学出版会

地域の人びとの関係性が貧困克服のカギ

　子どもの貧困を克服する上では、貧困の「貧」が表す所得向上・税の再分配についてのアプローチと、「困」の文字が表す実際の生活や人生において発生する困難へのサポートの両軸が機能しなければなりません。貧困状態にある子ども一人ひとりの困難は十人十色であり、その状況を見極めてサポートしていくためには、地域での活動は不可欠です。学校は、子どもの困難を直接目にすることができるため、子どもへの直接的な活動が求められますが、困難の多様さ・複雑さにより、教員だけでは対処できない状況があります。そこで、地域の人びととの連携による活動が重要になってきます。

　この章では、地域の人びととの関係性による貧困対策について、これまでの実践をもとに活動の紹介や提案を行います。また、子どものまわりで地域の人びととの関係づくりを行うことが、将来の貧困再燃に備える大きなポイントでもあると考えています。その重要性についても述べていきます。

1　子どもの貧困と地域実践

(1) 山科醍醐こどものひろばの活動の源流

　特定非営利活動法人山科醍醐こどものひろば（以下「ひろば」）では、2010年より子どもの貧困対策を軸にした事業に取り組み始め、地域実践を中心に政策提言やそれを周知する活動を行っています。現在では子どもの貧困問題に向き合う実践団体として認識されている「ひろば」ですが、従来から地域の「すべての子ども」に活動が届き、よりよく豊かな育ちができるよう、地域の文化環境・社会環境づくりの実践に幅広く取り組んできました。

　前身団体である「山科醍醐親と子の劇場」の活動が始まった1980年から1990年代前半は、文化芸術活動や自然体験、各地域（主に中学校区）で行われる子ども会活動を中心に、直接「触れ合う」「体感する」「つながる」活動を展開していました。参加者だった子どもが

「スタッフになり多くの活動を支える」「親になり子どもと参加する」「昔親だった方々は孫を連れて活動に参加する」というように、地域のなかで多世代が交流しあう活動でもあり、地域のなかで自治会・町内会など従来の地域組織と並走しながら、地域に根ざした活動を行ってきました。

このように、「ひろば」の活動の源流をみても、子どもの貧困や困難に向けた支援を目的としていたわけではありません。地域のなかで活動を続けるなかで、子どもの貧困問題と出会い、その問題の重要性に気づいて実践を始めたのでした。貧困によって子どもが抱える困難に直接関わることができるのは、ふだんから子どもと同じ地域で暮らしたり、子どもと関わったりできる家族、教員、近隣住民です。「ひろば」はまさしく地域の団体として子どもの困難に気づき、活動を始めたのでした。

(2) 子どもたちと個別に関わるなかで

従来の「ひろば」の活動は、ある程度の幅はあるものの年齢別による体験活動であり、10～50名くらいの集団活動でした。しっかりしたプログラムがあらかじめ用意され、参加費も必要でした。

また、集団での行動が苦手な子どもには、あまり向いているものではありませんでした。しかし、それでも「ひろば」の地域活動に参加してくれるのです。ある日のこと、集団が苦手だと言っていた子どもが「ここでの活動では学校にいるいじめっこに会わずに安心して過ごせるので、集団は苦手だけどうれしい」とつぶやきました。そのとき私たちは、学校という空間は平等に教育の機会を届けることはできるが、教室という固定化された空間と関係性のなかでしんどさを抱える子どもを生み出すこともあるということにあらためて気づかされました。発達障害や学習障害と呼ばれる状態と家族だけでは向き合えないという家庭からの相談、学校と家庭から不登校の状態になっている子どもとの関わりの相談も寄せられるようになりました。

そこで、集団でもなく、家庭や学校でもない場でのマンツーマンで子どもと関わる個別の活動をつくることになりました。日々の活動は子どもと決める、子どもの個性をふまえたサポーターをマッチングする、など、できるかぎり子どもが主体で活動できる状態を追求しました。

そのような活動を数年続けるなかで、さまざまな子どもと家庭に出会ってきました。個別活動を続けると、より子どもの背景、家庭の背景が見えてきます。個別活動を通じて関係性の質が変わってくると、本人たちも他者には話し難い家庭の経済に関する話をしてくれるようになりました。「ひろば」ではそのような背景を無理に聞くことはありませんし、

学生を中心としたサポーターには自然に子どもと関わってもらっています。それでも、見えてきた課題には応えていきたいと思いました。そこではじめたのが、子どもの貧困対策の第一歩となる食事の活動でした。

スタートは、子どもの貧困ということよりも、不登校になっていたひとり親家庭の子どもへの対応でした。その子は「ひろば」の活動には参加できていました。仕事から帰る時間が遅く、子どもとうまく関わることができず心配だという保護者の、可能なら週に１度でも、子どもと夕食の機会をつくってもらえないかという声に応えたものでした。

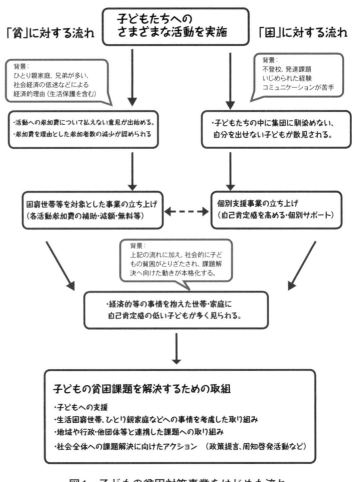

図1　子どもの貧困対策事業をはじめた流れ

(3) 「ひろば」の子どもの貧困対策事業

現在「ひろば」が取り組んでいる子どもの貧困対策事業の中心は、食事・入浴などの生活支援、学習支援、余暇支援、地域参加という活動です。経済的な困難により、子どもが生活する上でさまざまな課題に直面する「子どもの貧困」問題は、その対応も多岐にわたります。

①子どもとの直接の関わり（安心安全の確保、生活ニーズへの対応、自己肯定感の獲得）

②子どもが暮らす家庭・学校への関わり（保護者面談・相談、サロン、学校連携事業）

③子どもや活動に関わる人へのサポート（参加の呼びかけ、研修、活動振り返り）

④**子どもが暮らす地域への関わり**（ネットワークの構築、各学区での連携事業、課題周知、他の実践者サポート）

⑤**社会への関わり**（現場からの政策提言、各地での講演、出版など周知活動）

　これらの課題の解決に一組織で向き合うことには限界があります。また、子どもたちは、一つの組織のなかで一生を過ごすわけではありません。家庭、学校、地域、そして社会のなかで生きています。だからこそ、さまざまな人や団体・機関に関わっていただき、直面する課題の解決はもちろんのこと、子どもたちが今後生きていく環境が安心できる場にしていけるような働きかけが必要です。

　また、最初からすべての活動ができたわけではありません。一人の子どもの夜の食事をどうするかという目の前の課題に応えること。同じように困っている子どもが地域にいるのではないかという仮説。そして、このような状況を生み出す背景について伝えていくことを「事業」として取り組むこと。これら一つひとつをカタチにしていきました。

　子どもたちに届ける活動は、「困難をあらわす名称の事業名」ではなく、子どもたちが「どうしたいかをあらわす事業名」で表現して、参加を呼び掛けました。一方、一部の専門家の間では注目されていたものの一般的ではなかったこの問題について、広く市民に理解を広げ、社会的な解決への参加を呼び掛ける啓発活動では、あえて「子どもの貧困対策事業」としての発信を意識しました。講演、メディアの取材、動画の配信、執筆などに力を入れました。私たちには啓発的な事業の経験が少なかったため、伝える言葉一つひとつに気を配りました。

　参加対象は「低所得」家庭であり、個別支援事業は経費がかかるため、参加費に依らず丁寧に活動を届けるコストを補う資金も必要です。そこで、寄付募集も積極的に行うことになりました。寄付を募ることは、結果として問題を周知することにもなり、活動の責任もより大きくなります。活動の質が上がるという良い面に作用していると考えています。

2　地域に拡がる貧困解決の道筋

(1) 現場から声を上げる

　現在8年目となった子どもの貧困対策事業は、「ひろば」が主催する活動現場だけでなく、地域のなかに広がりをみせています。

　小・中学校の連携による学校内の放課後・土曜日の学習やあそびの活動、保育所と地域

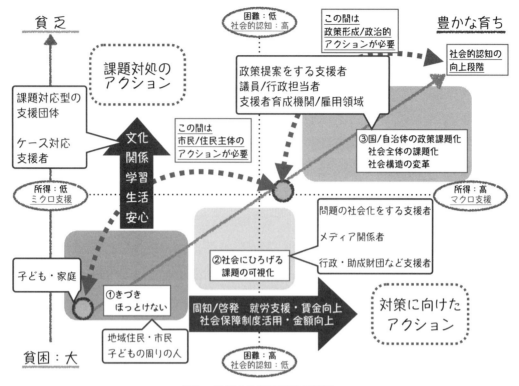

図2　子どもの貧困解決の道筋

の方々との連携で行う月1回のごはん会、地域の社会福祉協議会・高齢者福祉施設・障害者福祉施設・飲食店の協力により子どもが一人でも活動に参加できる小地域（小学校区）を範囲にした実践が増えています。子どものニーズに対して、各小学校区の特徴ある関わりができる方々がいる強み、活用できる会場がある強みを活かして、特色ある連携事業が生まれています。そのなかでの「ひろば」の役目は、直接支援を行いつつ、地域で活動を始めたいと考えている住民へのサポートや機関調整、機能拡充のサポートです。福祉事務所、児童福祉センターの協力もあり、「ひろば」や地域の支援の現場に、子どもがつながることができています。そうした現場の活動でとらえた現実を基盤とする政策提言を、行政の委員会、講演、出版を通じて行ってもいます。

　図2は、これらの実践の道筋を表します。貧困は「貧しくて困る」という貧（所得）と困（困りごと・問題）の両方がある状態です。その二つを軸に、貧の改善と困の改善のベクトルの動きを表します。

　「貧」については、所得を増やす、手当を増やす、支出を減らす、などが基本になります。これには時間がかかることと、社会の合意が必要なことも多いため、現場から声を上げ続けることが大切です。時間がかかるとはいえ、ゆっくりでよいわけではありません。「困」については、直接その子どもや家庭に出会うことができる地域の住民・先生や活動者しか

気づくことができません。まずは「発見」すること、困難に向き合うこと、個別の困難に適した活動を地域のなかでつくっていくことが必要です。大切なポイントは、この図のスタート地点です。左下の子ども・家庭からスタートしています。子どもの貧困という社会問題は、それぞれ困難も違うため対応も変わります。私たちは、まち（地域）で出会う子どもから活動を始めるようにしています。

　山科醍醐こどものひろばのミッションは、「子どもが育つ環境」をつくることです。子どもを変えることではなく、子どもが変わるときに、子どものまわりがどのような環境であることがよいのかを子どもとともに考え、その環境にアプローチしています。図２が表しているのは、子どものまわりの環境を子どものほうから捉え、変えていくというイメージでもあります。

(2) 全国に拡がる地域実践

　2010年に実践をはじめた当初は、子どもの貧困について十分に認識されておらず、各地の団体の活動も目立った取り組みにはなっていませんでした。地域のなかで「ひろば」が子どもの貧困対策を打ち出したキックオフ・シンポジウムでは、来場者や地域の方から「失敗する」「地域で勝手にそんなことをするな」などの厳しいお言葉をいただきました。

　それが、この頃では、生活保護世帯の中学生の進学をサポートする学習支援活動や、地域の子どもとともに食事の機会と交流を行うこども食堂が注目を集め、全国各地で実践が広まっています。必ずしも子どもの貧困対策が目的ではありませんが、それぞれの実践現場で子どもと地域が出会い直すことで、子どもが抱える生活困難・社会的困難についての認識が、とりわけ従来から子どもや貧困・虐待問題に関わっていた人たちのあいだには大きくひろがりました。しかし、それらに関心をもっていなかった人の活動参加はまだ少なく、子どもの現状についての周知は不十分です。解決に向けた取り組みはここからだと考えています。

　また、各自治体でも補助事業を予算に組むなど、活発な支援をはじめています。これは、子どもの貧困対策の推進に関する法律の成立（2013年）や、子どもの貧困対策に関する大綱（2014年）が出された影響が大きいと思われます。努力義務とはなりましたが、都道府県では子どもの貧困対策計画を定めることとされ、実態調査も行われるなど、貧困率の数字にとどまらない、今日の日本の生活困難の状況が見え始めています。政府も2015年に「子供の未来応援国民運動」を呼びかけ、子どもの貧困問題の周知・啓発活動が始まっています。その効果はこれからですが、子どもの貧困という言葉に注目が集まり始めて10年、大きな変化がうまれています。

(3) 取り組みを拡げるための課題

　全国で地域実践が拡がり、自治体の補助もあり、順風満帆のように見えても、課題はたくさんあります。課題を整理すると、①子どもの抱える困難への専門性の不足、②困難を抱える子どもを受け入れる環境づくりの専門性の不足、③活動継続（マネジメント）の専門性の不足、④子ども・家庭と活動をつなぐ専門性の不足、⑤困難に応じた社会資源への専門性の不足、⑥広報・周知・政策提言・連携構築の専門性の不足、⑦各種リスクへの専門性の不足、といったものが挙げられます。

---

①子どもの抱える困難への専門性の不足

・貧困・虐待・発達・暴力などの深刻な困難についての理解が不足。

・困難が子どもに与える影響や子どもの行為の背景を見通す専門性の不足。

・子どもとの関わりによる影響をサポーターが受け止めきれない。

・子どもから家庭、地域へのアプローチ、道筋が捉えきれない。

②困難を抱える子どもを受け入れる環境づくりの専門性の不足

・この状況をふまえ、それぞれの子どもが安心、安全と感じられる場をつくることが求められるが、きめ細やかな対応がしきれないため、ベストな環境が構築できない。

・場の設定、活動の設定はもちろん、関わる姿勢まで全体で共有できていない。

・子どもが育つ環境づくりに向けた文化・価値の共有が不足。

③活動継続（マネジメント）の専門性の不足

・スタッフの不足、スタッフの定着ができない。

・スタッフのジェンダーバランスの維持。

・資金不足：補助金頼みであり、先行きが不透明。

・どこまで取り組むのか足並みが揃わず、チームとしての機能が弱い。

④子ども・家庭と活動をつなぐ専門性の不足

・子どもから活動をはじめていないため、子どもに情報が届かない。

・子どものニーズにあった活動がどこにあるかを支援者が知らない。

⑤困難に応じた社会資源への専門性の不足

・困難が多様であるため、その多様性に応えるには福祉や教育、子どもも専門家だけでは難しいが、他領域の専門家とのつながりが薄いため、活動が構築できない。

⑥広報・周知・政策提言・連携構築の専門性の不足

・子どもの貧困問題についての周知の不足。

・対策、政策をまとめる力の不足。

・発信方法の不足。

・対話不足により問題を伝えきれず連携構築ができない。

⑦ **各種リスクへの専門性の不足**

・個人情報の管理。

・事業実施に向けた資格、条件、保険などの整備。

・サポーターのケア。

・アレルギーなど食事に関するリスク。

　以上の課題は、当面は不足を感じていなくても、より深刻な状況の子どもを受け止めていくときに直面するものです。自分たちはどのような活動をしていくのか、当初の段階から支援のあり方について議論し、確認しておく必要があります。手間がかかることですが、継続的に活動できている現場ほど、このステップを丁寧に行っています。

(4) 実践からみた連携の必要性

　また、全国で活動が展開されていますが、それぞれの地域のなかでも「点」の状態であり、つながれる子ども、受け止められる子どもの数は限られています。人数に多い少ないはあったとしても、どの地域にも困難を抱えている子どもが存在する以上、その子どもに活動が届くような「面」での活動を展開する必要があります。

　そのためには、「ひろば」も行っていることですが、各学区や関係機関、地域の方々と手を取り合い、子どもと活動をつなげられるような連携を図る必要があります。連携を重ねることで「線」が生まれ、各現場の実践で子どもから上がった声を「線」をとおして政策提言していくことができます。声を届けるには、「線」が必要です。だからこそ、学校連携、福祉行政連携、地域連携、民間同士の連携は、単独の連携ではなく、子どものまわりにパーソナルなネットワークをつくるように存在しておくことが重要だと考えています。

　多様な連携ができているということは、子どもの育ちの環境が充実している証拠でもあります。それが、地域のごく一部でしかないということでは、意味をなしません。地域の子どもの行動範囲にあたりまえに活動の場があるという環境が求められます。連携して活動をつくるということは、連携する地域・学校・関係機関が、子どもの貧困問題や、子どもと関わる上で大切にすべきことなどを議論し、共有することでもあります。それによって、連携事業以外の機会でも、関わる子どもが安心を感じることができるコミュニケーションが図られます。

　私たちが活動を通して子どもと関わることができるのは、子どもの生活のごくわずか、

ほんの一部でしかありません。そんな少しの時間でも子どもたちは変わっていくのですが、それよりも長い時間を子どもが過ごす地域が、同じように安心して住民が暮らせるような場であってほしい。そのような地域環境を実現する上でも、議論を重ねて価値観を共有するような連携が重要だと考えています。

3 日々変化する子どもの貧困に備えた関係づくり

(1) 子どもの変化・家庭の変化

　これまでの福祉的支援制度は、親を通じて家庭（世帯）に対する支援が中心でした。経済的困難を抱えている場合は、就労や家計管理などの指導が親に対して行われてきました。「ひろば」につながった家庭のなかには、行政や専門職の対応に不満をもつ方も少なくありません。親へのアプローチと親の変化を待っている間に、子どもが抱える困難がより深刻になっていくことが多くあります。

　これまでの関わり方では福祉行政と家庭の距離がかなり離れているということを実感したことから、「ひろば」では、どのようにすれば子どもに活動が届き、子どもの声、そして親の声を聞くことができるのかを模索し、子どもからのアプローチを試みています。支援者、専門職が指導するのではなく、子どもと出会い、ともに過ごす活動を重ねながら、子どもとの関係を構築します。その子どもが家に帰って親に話をすることによって、家庭との関係づくりのきっかけが徐々につくられていきます。

　子どもの貧困問題ですので、まずは子どもから関係をつくり、そして家庭へという流れを意識しました。また、子どもだけであってもいけません。子どもが暮らす時間がもっとも長いのが家庭です。どのようにすれば家庭環境が変化を起こすのかを見通しながら活動をつくることを大切にしています。

(2) 子どもの貧困の再燃に備えること

　これまでの活動で出会った子どもには、大きく二つのタイプがあります。親の仕事や病気などの理由で「はじめて」貧困状態に陥っている子どもとその家庭と、「2世代、3世代で」困難・貧困状態を継承している子どもとその家庭です。

　子どもの貧困状態を引き起こした原因は各家庭ごとに違うため、届ける活動もそれぞれ違うのですが、二つのタイプのうち、「はじめて」子どもの貧困状態に陥った子どもとそ

の家庭の場合、貧困ではない状態を知っているとも言えますので、少しの支えによって貧困状態から脱することもあります。また、将来への親の意識やモデルとなる大人がまわりにいることも多く、困りごとの解消について子どもと考え、取り組むことで、将来の困難を防ぐことができます。

　一方「2世代、3世代で困難を継承している子どもの貧困状態」の場合、話をよく聞いてみると、物心ついたときから家庭が困難を抱えていて、どのように解決していけばよいかわからなかったり、解決した状態がわからないため、どこをめざして取り組めばよいかわからず、解決への道筋が描けないことも多いです。さらに、経済面では問題が解消しても、生活面での課題が残ることも多く、日常的な生活サポートが必要になります。

　現在、支援の目標の多くが「進学・就職の達成」「収入が得られ、安定する」となっています。しかし、どんな家庭であっても、将来大きな支出が必要になる場面や、病気や倒産などで収入がなくなることもありえます。より重要なのは、今後お金が不足する事態になったとき、その問題を解決できるようなつながりや関係、生活力が蓄えられていることです。困ったときに助けを受けられる力を身につけることは、おとなになってからの貧困の再燃を防ぐことができます。そのことを意識して、いま子どもたちと何を育むのかを考えてみてください。

4　学校・関係機関連携とパーソナルネットワーク

(1) 学校・教員と地域の関係づくりの難しさ

　連携とは、活動の場が増えることだけではありません。地域は子どもが学校に入る前から、その家庭もあわせて見てきています。卒業してからも、子どもとともに暮らすのが地域です。だからこそ学校は地域と連携し、これまでの子どもの育ちをもとに学校での学習や教育を構築することで、効果的な授業を行うことができます。

　学校生活のなかで気になる点が見えても、放課後までサポートできないのが学校現場の現状です。しかし、地域が協力することでその部分をサポートできます。子どもは家庭で育ち、学校で学び、地域で暮らしています。育ちの場は地続きです。まずは学校と地域が連携していくことが大切になります。

　さて、連携の大切さは理解されても、学校と地域の連携はまだまだ進んでいません。国の子どもの貧困対策の肝とも言える「学校をプラットフォームに」地域で活動を展開していくという点では、多くの地域団体が学校との連携の難しさを口にし、また学校現場にも

そのことが伝わっていないのが現状です。さまざまな理由はありますが、大きくはお互いがお互いの事情や思いを知らないことからきています。学校と地域の接点は、教員がその地域に住んでいないかぎり、行事で顔をあわせるくらいです。お互い名前も知らないことが多く、やりとりも学校の管理職と地域の会長、もしくはPTA会長がほとんどです。子どもと最も関わっている担任からすれば、接点もありません。こうした状態では、連携を始めることも難しいでしょう。

(2) 子どものまわりに生み出すパーソナルネットワーク

　学校で最も子どもと関わっている担任が、学校の外で子どもの様子を見ている人たちから情報を得られるならば、クラスでの子どもの見え方も変わってくるかもしれませんし、困難の背景を捉えることができるかもしれません。学校と地域の関係は何も管理職、会長などの会議や交流という意味ではなく、子どもといちばん関わっているものどうしが意見を交わし、最も必要な活動を考えることで深まっていくと考えています。

　そのような関係ができることで、見ている子どもは同じでも、見ている場所が違うと見え方が違うことに、学校も地域もあらためて気がつきます。そして、議論を重ねることでお互いの立場からは見えなかった姿、不足していた部分に気づきます。その結果、子どもと子どもを取り巻く困難の全体像を捉えることができ、解決に向けた道筋もあらためて描きだすことができるでしょう。

　子どもの抱える困難の解決には、自分たちだけでなく困難に応じた支援者も必要となります。そのような支援者を子どもに一人ひとりにつないでいき、最終的には子どものまわりに、子どもの暮らしを支えるパーソナルなネットワークを構築することができます。

5　「子ども」から子どもの貧困解決に向けた道筋づくり

(1) ミクロな実践現場で分かち合う関係

　最後にあらためて、子どもの貧困解決の道筋を辿っておきます。

　まず、子どもの貧困の状態の子どもを探すのではなく、出会った子どもの状態から気づき、関わりはじめることが重要です。子どもとの個別で小さな関わりを重ねることで、本来の悩みや問題を語り出す関係、問題が見える間合いに入ることができます。そのことでお互いが相手に何を伝えるかをさらに考えることができるようになり、実際に悩んでいた

り困っていることの根底が見えてきたり、変えてほしい状況が見えるようになります。関わり、活動、事業が、解決に向けて変わっていくことになります。課題が見えることで、活動だけでなく制度の問題点も見えてきますので、そこから現状の改善、不足への提案をすることが、問題解決の第一歩となります。大切なことは、まず現場で悩みを分かち合える関係づくりです。

(2) 地域で継続的に関わる仕組みづくりに向けた連携

　学校には教員の異動があります。そして行政の担当者も異動していきます。しかし、子どもや家庭はその地域のなかで暮らし続けます。学校で過ごす前後の時代だけでなく、地域のなかに変わらず子どもと関わり続けることができる機能があれば、成長も捉えやすく、おとなになってからの相談にのることもできます。

　もちろん既存の地域団体だけでは十分ではないこともありますので、私たち「ひろば」のような機能を地域に構築することの意味があると思います。実際「ひろば」には、卒業後も節目節目で相談にやってくる子どもが多くいます。突然やってくる子どもたちが、変わらず、気兼ねなく相談ができるようにするには、連携は不可欠であり、仕組み化していく必要があります。

(3) 子どもの声から政策を導き出すための道筋づくり

　地域としての未来を支えるのは、今の子ども自身でもあります。子どもたちがこれからを生きていく上で、子どもたち自身が生きていきたい社会を、おとなだけで勝手につくっていくと、今日のような子どもの貧困がある社会になってしまうかもしれません。これからは、子ども自身の声から子どももおとなもともに未来の社会をつくっていく道筋を、それぞれの地域の事情をふまえて一歩ずつ創り出していくことが大切になります。どのような子どもも暮らしやすいまちにしていくことは、他の世代、おとなたちにとってもより暮らしやすいまちにすることです。

　子どもの声からどのような未来をつくるのか。それは、子どもの権利を十分に発揮していくなかで生まれるものだとも言えます。子どもの貧困は、子どもがもつ権利そのものを奪っていくことでもあります。子どもの貧困対策を通じて、子どもが子どものもつ権利を発揮し、よりよく豊かな育ちができるよう、学校も地域も各関係機関も手を取り合って、その環境づくりに取り組んでいくことが求められています。

第3章

生活指導教師がとらえてきた子どもの貧困

　子どもたちの多くが生きにくさを感じながら、毎日生活しているように思います。学校は学力向上を目指して必死に子どもたちに勉強させています。かつてのように戸外で集団で遊ぶ姿は消えてしまいました。時間があればゲームや携帯やスマホをいじり、子ども同士が話をする姿さえ見られなくなってしまいました。

　そのなかでも子どもを苦しめているのは貧困です。物がないというだけでなく、愛情を注がれない、だれからも相手にされない、自由な時間やゆとりがない、といった深刻な現象が見られます。子どもだけでなく、保護者の苦悩や焦りも大きくなっています。保護者も支えていかなければ、子どもの幸せは得られないと感じています。

　そこで、人間として愛情を注ぎながら丁寧に接していくことを基本にどんな手立てを講じてきたのか、実践してきたことをまとめてみました。紹介した事例のような子どもや保護者は、見えないようで数多く存在しているように思います。

本文中の名前は仮名です。

1 「汚い」と嫌われていた2年生の広くん

(1) 真っ黒い顔をした広くんと父親の暴力

　転任して2年生担任になりました。わずか11名しかいない学級でしたが、問題をかかえた子どもが半分以上という学級でした。そのなかに、1年生の時に担任を苦労させた広くんがいました。

　広くんは真っ黒い顔をして鼻水が垂れ、汚れていろいろな色が混じった服を着ていました。じっとしていることができず、絶えず動いていました。学力は低く、通常の授業についていくのはかなり難しい状況でした。体の臭いもすさまじく、近寄りがたいほどでした。汚い、だらしがない、じっとしていないと、まわりの子どもたちからとても嫌われていま

した。

「広、来るな」

「近寄るな」

「あっちに行ってよ」

　それでも平気で学校に来る広くんでした。動くのが好きなようでした。

　大変なのは酒乱の父親でした。母親や子ども（姉一人、弟一人の三人兄弟）に対する暴力は日常的で、母親には熱湯をかけてやけどさせたこともありました。民生委員や近所の人たちが声をかけ、何とか自立させようとしますが、アルコールが入ると人が変わったようになって、どうにもなりませんでした。仕事は日替わりで、やりたくなくなるとアルコールを飲み、バイクに乗って転んでわざとけがをする、ということも聞きました。校長からも「どうにもならない父親だ」と言われていました。

　家庭訪問をすると、父親はよく寝ていました。対応する母親の衣服も汚れていました。話は聞いてくれますが、実行してもらうことはできませんでした。洗濯をお願いしてもやってもらえませんでした。

(2) スキンシップと励まし

　広くんが常に指をなめていること、また、何でもなめることから、愛情不足であることはすぐにわかりました。意を決した私は、広くんとスキンシップをはじめました。

　2年生の少人数クラスということもあり、朝の会と帰りの会の二回、それぞれやってほしいことを聞いて、「くすぐり地獄」（寝かせて全身をくすぐります）、「わっしょいわっしょい」（全身を抱きしめて、胴上げと同じような感じで上にあげてやります）、「逆さまブランコ」（両足を持って逆さまにし、両足を左右に大きく振ってあげます）をやりました。子どもたちは大喜びしました。スキンシップを通して、子どもたちの関係が、親しく楽しい関係にどんどん変化していきました。低学年の子どもにとって、スキンシップはとても大きな意味があることを実感しました。

　遠くから私を見ていた広くんも、笑顔で寄ってくるように変わりました。これはとても大きな意味がありました。私の指導も入るようになってきたからです。広くんを避けていた時は、「先生に嫌がられている」ことがわかるのでしょう。遠くから私を見ていました。

　遊びを中心にしたイベントを実施することで、次第に広くんが活躍する場が増えてきました。6月にメンコ大会をやっていた時のことです。私のメンコが少なくなってきたのを見た広くんは、他の子から見えないように、そっと私の手にメンコを持たせようとしてくれました。私は、かわいいなと初めて思いました。

(3) 自分できれいにする！

　子どもたちが広くんを嫌う原因となっている「体の汚れと臭い」について、何とかしたいと思い続けていました。

　６月、暑くなってきたので、養護教諭と相談しました。きれいな服装でいられるように衣服を２日分持たせて、学校で洗濯させるようにしました。干し方も教えました。動くことの好きな広くんは、嫌がる様子もなく、楽しそうに洗濯をしました。

　朝は洗顔、歯磨き。手足の汚れを濡れテイッシュできれいに拭き、乾いたばかりの服に着替えさせ、時には良い香りの消臭剤を使いました。２年生になったばかりの時は、誰も広くんと手をつなごうとしなかった子どもたちも、７月を過ぎると嫌がらなくなりました。

　服や靴がきれいになり、真っ黒だった顔も手もきれいになりました。鼻水が出るとすぐにテイッシュで拭くようになりました。２学期になると、生き生きとした広くんの姿が多く見られるようになってきました。

　学校の裏山で行った山猿教室（土手をロープを伝って上っていく遊びで）では、ひょいひょいと軽く上る広くんに驚きと関心の声が聞こえました。遊びや運動の得意な広くんは、やり方を聞かれるようになりました。広くんは「あのね、足をしっかりおいてから、ロープを引くとうまくいくよ」と教えています。笑顔がどんどん増えていきました。ずっと避けられていた広くんも、他の子どもたちに認められ、うれしそうでした。友だちに優しく接するようにもなっていきました。

(4) 広くんのがんばりを父親に伝えて

　勉強はまだ厳しいですが、繰り返しの練習をしっかりとやらせ、できそうなところにまで難易度をおろして勉強をみました。その結果、少しずつできるようになってきました。私はノートを持って家庭訪問をしました。父親にノートを見せて、「こんなにがんばっているんですよ」と話しました。父親は、「いやあ、まだまだ、だめだ」と言うものの、うれしそうな表情でした。

　何回も繰り返し家庭訪問をすることで、父親も話しやすくなったようでした。ときには仕事のことなども話すようになってきました。広くんのがんばりを紹介し、できるだけ仕事に行くように父親を励ますようにしました。

　翌年になると、広くんの弟・武くんが入学してきました。弟も広くんと同じ問題をかかえていました。弟の担任は、サークルで一緒に学習し、素晴らしい実践をしている若い女性教師でした。私は、家庭訪問に一緒に行くことにしました。こたつを挟んで父親の正面

に担任、となりに私、空いているところに広くんが座り勉強を始めます。勉強の様子をほめながら、学校でのがんばりを伝えました。父親は恥ずかしそうですが、とてもよい表情になっていきました。以前のように顔に殴られた跡などは見られなくなってきました。

「お父さんががんばっているから、広くんも武くんもがんばるんですよ」

と話し、子どもにやさしい接し方をしてほしいと願いました。父親はなかなか変わりませんが、広くんのがんばりを丁寧に伝えることで、こんなことを言うようになりました。

「先生、広はがんばっているから高校に行けるかな？　なんとか高校に行かせたいんだよ」

「大丈夫ですよ。このままがんばったら、絶対に大丈夫ですよ」

広くんのがんばりを見て、我が子を高校に行かせたいという親の願いを持ったのでしょう。とてもうれしくなりました。

2　過酷な生育歴をかかえた1年生の正美くん

(1) 入学式での出会い

その学校に勤務して4年目。保護者や地域の方とのつながりができてきていました。初めて1年生を担任したときのことです。

入学式、私は子どもと出会った時に使うくす玉や3日分の学級通信を準備して、やる気いっぱいでした。正美くんはサングラスをかけたお父さんに手を引かれ、教室に入ってきました。とても不安そうな正美くんは、教室内を歩き回っていました。お父さんが追いかけるような感じで、保護者も子どもたちも驚いていました。さんざんな入学式でした。

次の日の下校時、正美くんは靴置き場のところで「家に帰ることができない」と、大声で泣き叫んでいました。仕方がないので家まで送っていくことにしました。家に行くと、祖父母が畑仕事をしていました。あいさつをする私に、「両親がいないのと同じなので、なにかと大変かと思います。どうかよろしくお願いします」と言われました。優しそうなおじいさん、おばあさんで安心しました。

3日目、子どもたちが「大便が落ちていた」と言って持ってきました。すぐに正美くんのことだとわかりました。保健室に連れて行き、養護教諭に見てもらいました。それからもしばらく大便が落ちていました。私は家庭訪問を行うことにしました。

(2) 家庭訪問で知ることとなった生育歴

　正美くんの祖父母も心を開いて話してくださいましたので、とても助かりました。4月中に6回ほど家庭訪問をしました。家庭訪問を繰り返し行うことで、悲惨な生育歴がわかってきました。

　正美くんは、他県で生まれました。父親は木工職人の見習い、母親は看護師でした。正美くんが生まれたときは二人とも10代。遊び足りなくてサラ金から金を借り、1歳になった正美くんをベビーホテルに預けて、2人で遊んでいたそうです。看護師の母親は小さい頃からカップラーメンやポテトチップスを与えていました。

　そのせいか極端な偏食で、カップラーメンとポテトチップスはぺろっと平らげるのに、ほとんどご飯は食べず、味噌汁を少し飲む程度。出会った時も、1年生とは思えないほど体重が軽く、また身長もありませんでした。

　正美くんは、1歳になっても歩けないので、祖父母が医者で診てもらうようにと両親に命令しました。診察を受けるとひどく発達が遅れているので、しっかりかわいがることと、食事をとらせるようにと言われたそうです。しかし、正美くんの両親は、医者の話に耳を貸さず、ひたすら遊んでいました。ベビーホテルは24時間営業で低料金、決まった時間に食事を与えるだけで、かわいがってもらえるわけではありません。大きな部屋に大きなテレビが置かれ、保育者の姿はあまり見られなかったそうです。正美くんは、ますます発達のもつれを抱え込まざるを得ませんでした。

　3歳の時、サラ金からの借金が膨大になり、両親は地元に逃げるように帰ってきました。しかし、サラ金の取り立てはすさまじく、母親は祖父母との同居を拒否して離婚、父親は駅前のアパートに逃げました。父親は24時間営業のベビーホテルを見つけて、正美くんをそこに置いてきてしまうのでした。息子の借金の肩代わりをした祖父母は、ときどきそのベビーホテルに行ったそうです。二人が帰ろうとすると、手を強く握り、「じいちゃん、ばあちゃんと帰る」と泣き叫んだそうです。どれほどつらかったでしょう。祖父母は、正美くんが5歳になったとき、どうにもかわいそうで引き取ることにしました。生まれて初めて、愛情の注がれる生活ができるようになりました。

　話を聞いた私は、祖父母に「正美くんのせいではなく、大人の責任です。6年かかってここまで育ってきました。これから6年かけて大切に育てていきましょう。おじいさん、おばあさんのおかげで、正美くんはとても救われていますよ。一緒に子育てをしていきましょう」と言いました。二人は手をついて深く頭を下げ、「先生、どうかよろしくお願いします」と言われました。

(3) 友だちのなかで育つ

　1年生ということもあり、スキンシップを重視しました。広くんのクラスと同じように、朝の会と帰りの会の2回、子どものやってほしいことを聞いて、「逆さまブランコ」「わっしょい、わっしょい」「くすぐり地獄」……。子どもたちから男の先生に対する警戒感が薄れて、いつもべたべたとついてくるようになりました。不安な表情から笑顔になり、親しくなり、指導も入りやすくなりました。

　正美くんは、4月中は不安が強く、私のまわりから離れませんでした。5月になると、面倒見の良い千恵ちゃんと遊ぶようになりました。隣の席になってもらったところ、いろいろなことをやってくれるので、おおいにほめ、感謝しました。お母さんにお聞きすると、知恵ちゃんには3歳の弟がいて、弟と同じように見ているのではないかとのことでした。とても素晴らしいことだとお母さんにも感謝しました。でも、負担にならないようにすることも話しました。

　正美くんは、ときどき激しいけんかをしました。自分の思い通りにならないと、相手をにらみつけ、「絶対に許さないからな」とすごみます。それでも、千恵ちゃんが「正美くんが悪いの。だめでしょう」ときつく言うと、「あーん」と言って泣き出してしまいます。その後で、千恵ちゃんは「友だちの嫌がることは、やってはだめなんだよ」と、きちんと理由も言ってくれました。子どもの力はすごいなあと感じました。

(4) 大切な「食」の体験

　5月下旬にはすっかり学校に慣れ、楽しそうでした。他の1年生も生き生きしています。1年生としての初めての食べるイベント「おいしいおにぎりを作って楽しく食べよう会」を行いました。お母さんやおばあさんからおいしいおにぎりの具や作り方を教えていただき、みんなでおいしく食べようというイベントでした。子どもたちは大喜びでした。

　イベントの日。子どもたちは、おにぎりの具をいろいろ持ってきました。三角巾とエプロンを身につけ、楽しそうにおにぎりを作り始めました。正美くんの班は、仲良しの美香ちゃんと修くんの三人です。しばらくすると美香ちゃんと修くんが楽しそうにやってきました。

「先生。正美くん、おもしろいから来てみて」

「早く早く」

　行ってみると正美くんがおにぎりを握っていました。

「先生。正美くんが手についたおにぎりを食べるから、小さくなっちゃうんだよ。だん

ごになっちゃうんだよ」

と言うのです。私は「なにをやっているのかな」と思うのですが、1年生はやさしいのです。「正美くんって、おもしろいなあ」と、逆に好意を持つのでした。私は、1年生はおもしろいなあと感心し、美香ちゃんと修くんのやさしさに感動しました。

　結局、1個も作れなかった正美くんは、千恵ちゃんと私から1個ずつおにぎりをもらいました。みんなで裏山に行き、シートの上に座って、すてきな景色を見ながらおにぎりを食べました。みんな、楽しそうに、おいしいおにぎりをほおばっていました。すると、正美くんがおにぎりをおいしそうに食べ始めたではありませんか。びっくりしました。給食の時のようにほんの一口だけではなく、ばくっという感じなのです。なんとおにぎりを1個半も食べました。信じられない光景でした。

　しばらく考えて、私はこう思いました。「正美くんは、今まで生きてきたなかで、やさしい人たちに囲まれて楽しく食べるということ（楽しい共食場面）がなかったのではないだろうか」と。産まれるとすぐに母乳ではなくカップラーメンを与えられ、1歳から5歳までは決まった時間に食事が出されるだけのベビーホテルで過ごしていました。5歳になり、祖父母と一緒に食事をするようになりましたが、家庭訪問でも目にしましたが、いつも漬物やふりかけだったようです。このイベントでは、楽しくてやさしい友だちといっしょにおいしいおにぎりを作りました。正美くんはおにぎりを作ることはできませんでしたが、もらったおにぎりをみんなといっしょに楽しく食べることが良かったのでしょう。だから、たくさん食べることができたのかもしれない。そんなふうに考えると、とても幸せな感じがしてきました。

　その後、何でも食べられるようにと、一緒に食事に行ったり、お弁当をあげたり、楽しみながら努力しました。食堂に行ったときのことです。正美くんはニコニコして言いました。

「先生はいいなあ。やさしいから」

とてもやさしい表情でした。私は、

「正美くんはお利口だから、おじいちゃんとおばあちゃん、すごく喜んでいるよ。これからもお利口になってがんばるんだよ」

と言いました。

(5) どんどんできるようになってきた

　正美くんは、トラブルをかかえながらも、いろいろなことができるようになってきました。正美くんは、歩くときや走るとき、体が左右に揺れるのでした。バランス感覚が育っ

ていないのでしょうか。そこで、学校の花壇の柵を歩く遊びを考えました。平均台を歩くような感じで、バランス感覚が自然に身につけばと思ったのです。両端から同時にスタートして、出会ったところでジャンケンをし、勝ったらそのまま進み、負けると降りるというルールです。とても盛り上がり、楽しんでいるうちに、スピードは速くなるばかり。しかし、花壇の世話をしている教頭先生は悲鳴をあげていました。私は何度も謝って、許していただきました。

　6月になると水泳がはじまります。正美くんは、先生方に「ぼくはプールには入らないからね」と言ってまわりました。苦手なのでやらないというアピールです。ところが、いざプールで抱っこすると、あっさりとプールに入り、ビート板を使ってバタ足を始めました。やってみると楽しく、自分でもできると思ったのかもしれません。

(6) 秘密の基地作り

　10月から、1年生の「秘密の基地作り」が始まりました。前年度担任していた6年生が畑に小さな小屋を作ったことを紹介したことから生まれた取り組みです。帰りの会で、「今日、基地作りをします。来れる人は手を挙げてください」と呼びかけると、何人かが参加します。すでに保護者には説明し、賛成していただいていることです。基地を作るのは、正美くんの家の裏山です。

　でも、1年生にはとても無理でした。木と木の間に段ボールを立てかけて「できたー」と喜んだ瞬間、風が吹いてパタンと倒れてしまいました。ときどき私も行ってみましたが、なかなか難しいことでした。

　基地作りは12月になっても続いていました。あるときトラブルが起きました。雪が降って少し積もっていました。そこから降りてくるとき、真美ちゃんが誤って滑り落ちてしまって、全身が泥だらけになってしまったのです。11人の1年生がすぐに相談し、みんなで真美ちゃんの家に行って、ちゃんと謝ろうということになったそうです。そうと決まれば、真美ちゃんの泥だらけの服を自分たちのジャンパーや帽子、マフラーなどに着替えさせ、真美ちゃんを真ん中に10人の子どもが周りを囲んで歩いていきました。しかし、11人がまるくなって地域を歩くのですから、どう見ても変な光景です。さっそく学年委員長の真さんが発見しました。

　「おう、何やってんだ？」

　すると、まじめな顔で1年生たちは事情を説明し、「……これから真美ちゃんの家に行って謝ってくるの。古関先生には言わないで。心配するから」と言ったそうです。真さんはとても感動して、すぐに学校に電話をくださり、私に事情を話してくれました。真さんは

「いい1年生ですね」と言ってくれました。

　そのことから、秘密の基地作りは一気に前進することになりました。大工の真さんが、1年生の願いを聞き入れ、手伝ってくれることになったのです。学校の近くの畑に（真美ちゃんの家の土地です）小屋を作ることになりました。真さんは1年生でもできることはやらせてほしいという私の願いを聞き入れて、木材運びや簡単なくぎ打ちをさせてもらいました。私の転勤が決まっていたことも大きな理由でした。1年生はワクワクしながら毎日を過ごし、2月下旬に基地は完成しました。

　そんな取り組みのなか、11月には正美くんが学校で大便を漏らすことがなくなりました。それが1週間も続いたので、私は家庭訪問をすることにしました。すると、久しぶりにお会いしたおばあさんが、畑から走って来て、手ぬぐいを取ると深々と頭を下げられました。いつもと違うので、あれっと思っていると、

　「先生、おかげさまで、家で用が足せるようになりました」

　「よかったですね。でも、なぜ教えてくれなかったんですか？」

　「万が一、またできなくなったらどうしようと思ったのです。すみませんでした」

　1週間、家でもしっかりトイレで用が足せたという話に、とても幸せな気持ちで家に帰ったことを今も覚えています。

　こうして、秘密の基地作りのなかで、正美くんは心も身体も成長したのでした。基地は11人全員が入れる大きさで、窓も床もありました。子どもたちは、「ちびっ子遊び小屋」と名付け、隊長は真美ちゃんになりました。子どもたちは、冬なのに棒と防虫剤を持った「へび・はち係」、勉強の指示を出す「学習係」、2年生が意地悪をして来るので追い返すという「防衛係」、教頭先生からお菓子をもらってくる「お菓子係」など、楽しい係を作って、放課後は毎日そこで過ごしました。正美くんはその中で生き生きと過ごしていました。

　3月、私は正美くんたちと涙のお別れをしました。楽しくてやさしい子どもたちとの1年間でした。

3 苦悩する保護者

(1) モンスターペアレントといわれる保護者と5年生の亜矢子さん

　転任して5年生25名を担任しました。転任前の3月、転任先の校長から「わけありの学級なのでよろしく」という電話をいただいていました。私と校長とは、以前一緒に勤務したことがあったので、電話をかけてきたのでしょう。問題は、低学力であること、パニッ

クを起こす子どもが3人いること、保護者が大変なこと、授業が成立しないこと、殺人を起こした父親をもつ子どものこと……。なかでも亜矢子さんと保護者はたいへんでした。

　亜矢子さんは、幼稚園の頃から自分の思い通りにならないとすぐにカーッとなって相手を叩いたり蹴ったり、近くにあるものを相手に投げつけました。さらに低学力で、おもしろくないと保健室に逃げ込み、シャワー室の内鍵をかけて、給食の時間までこもるのでした。

　保護者に連絡しても「それがどうしました」と言ってきます。家庭訪問をすると、「そんなことで来たんですか？」「そんなこと、電話で十分だ」と言うのでした。通常学級では困難だと、特別支援学級への入級をすすめてきましたが、応じませんでした。4年生の11月に父親が学校に来たそうです。ジャンパーを着たまま、手はポケットに突っ込んだまま、ソファーにふんぞり返った父親は、校長が「亜矢子さんのよりよい成長のために考えたことです。いろいろな検査をします……病院で……」と言った瞬間、「こんな学校に来させない」と言って校長室を出て行きました。それから教育委員会に直行して苦情を言ったそうです。校長も対応しきれなくなっていたのです。

　私が担任になり、家庭訪問をすると、洗濯物を干したままの部屋に案内されました。亜矢子さんは5年生になって少しずつがんばるようになってきていたので、そのことをていねいに話しました。しかし、母親は「はあ」と言うだけでまったく無関心でした。腹が立つのを抑えて、90点の国語のテストを見せました。すると母親の目が輝きました。読み取りのテストですが、私が線を引いたところを書き写すと正解になるようにしておいたのです。

　するとお母さんが、「私、学級役員ですよね」と言ってきました。三人いる学級委員の一人が亜矢子さんの母親、もう一人もたいへん手を焼く方でした。「会計をやりましょうか？」と言われるので、しばらく考える時間をいただき、トラブルにならないようにする方法を考えました。以前、金銭面でトラブルがあったことを聞いていたからです。よい方法を考えついた私は、「どうかよろしくお願いします。亜矢子さんは、繰り返し勉強するとできるお子さんです。がんばっているので、ほめてあげてくださいね」と言って、家庭訪問を終えました。

　亜矢子さんのお母さんは、毎月、学校に来て私から集金したお金を受け取り、金融機関で入金し、通帳を持ってくるようになりました。これで毎月話をすることができるようになりました。毎月毎月、亜矢子さんのがんばりを伝えました。11月まではいつもの「はあ」だけだったのが、12月になると言葉遣いが変わりました。その月の個別懇談では「亜矢子はばかで、嘘つきで、どうにもならない子どもです。全部私に似たんです。わかってい

るんです」と、口にしました。私は「亜矢子さんはこれからが大切です。大切に育ててい
きましょう」と言いました。

　この時から少しずつ心を開いてくれるようになってきました。父親は土木関係の仕事で
収入が少ないこと。夜の商売をしている母親は朝、家に帰るので、亜矢子さんはコンビニ
のおにぎりを買って食べていること。いつもまわりの保護者や地域の人からばかにされて
いること。一生懸命やっているのだが、中学・高校時代の悪いイメージで見られてしまう
こと。仕方がなく、同じような境遇の保護者とつきあってしまうこと、などを教えてくれ
ました。実際に親子キャンプでバーベキューの準備をしている時、先輩格の保護者が来て
「古関先生、こいつはただのやくざですよ」と言って、雰囲気が一気に悪化したこともあ
りました。

　たしかに、問題のある子どもの保護者は、同じように問題をかかえている子どもの保護
者とつながり、学校の様子や自分のことをメールなどでやりとりしているようです。キャ
ンプの時、私はまちがって別のバンガローに入ってしまったことがありました。すると、
亜矢子さんの両親、虐待が疑われる保護者（夫婦）、学校を敵対視している保護者という
五人が一緒にバンガローにいました。勝手にバンガローを決めて、泊まろうとしていたの
です。男女、おかまいなしです。ところが、保護者たちが歓迎してくれるので、私は一緒
に酒を飲み、泊まる羽目になってしまいました。

　そのなかで、亜矢子の母親がこんな話をしてくれました。

　「私さあ、中学生の時、先生に何回も殴られたんだよ。ひどい先生でさ。何をやっても
私のせいにするの。頭きた。今も許せない。他の先生も同じ。勉強ができなかったり、変
な格好するからって、怒鳴られたり、叩かれたり……。家も貧しくて悲惨だったし」

　「その先生って、ひょっとして〇〇」

　「そう。どうして知ってるの？」

　「俺も習ったから」

　「えー」

　「今はね、あんな先生はいないから大丈夫。ひどいやつだったよね」

　一気に話が弾み、中学や中退した高校の先生方の対応のひどさを語り出しました。たし
かにひどいものでした。また、いろいろな事情があるなかでがんばろうとしていることも
わかりました。学校が嫌いな理由もわかったので、「みなさんの子どもは大切に育てましょ
う。みんな、いいお子さんですよ」と言うと、「そんなことを言ってくれるのは、古関先
生だけだよ。あとはとんでもない親だと思っているよ」と言われました。

　それから卒業までつきあいました。とてもがんばるようになった亜矢子さんは、卒業式
では、両親のほうを向いてこんなふうに語りました。

「お父さん、お母さん、私は幼稚園の頃から、友だちが嫌がることをたくさんして、お父さん、お母さんに謝りに行ってもらいました。きっといやだったと思います。ごめんなさい。これからはがんばって、お父さん、お母さんを喜ばせてあげたいです」

両親はうつむいて涙を流していました。

(2) 保護者と手をつなぐ方法

子どものかかえる貧困や生きづらさは、意図的に作られていると考えてよいと思います。ですから教師は、子どもや保護者と丁寧に接することで、生きる希望と見通しをもたせるとともに、子どもを共同してよりよく育てようとする仲間であることを伝えていかなければならないと思います。今、かつてあった地域の教育力が皆無になってきていますから、教師の果たす役割は大きいと言えます。では、どんなふうに保護者とつながることができるのでしょうか。

人間は話をしないと相手のことがわかりません。子どもも保護者も同様です。できるだけ話を聞く努力が必要です。担任をすると出会ったその日から、問題をかかえている子どもの家に電話をします。問題をかかえた子どもをもつ保護者は、学校からの電話というと、悪いことをしたときやトラブルがあったとき、忘れ物や提出物を出していないと言ったマイナス面での電話がほとんどのようです。ですからその反対の内容で電話をして「今度の先生は違う」と思ってもらうこと、できるだけ話しやすい関係をつくることからはじめたいと思います。ほめることなどないという人もいますが、そんなことはありません。姿勢がよかった、返事がよかった、教科書配布を手伝ってくれた、挨拶がよかった……、たくさんあります。何も見つけられない場合は、仕事を頼んでみましょう。そこから家庭でも子どもがほめられることで、自信をもつことがねらいです。

学校が始まった４月６日のことです。私はさっそく隆くんの家に電話をしました。隆くんが出ました。

「こんばんは。○○さんのお宅でしょうか？　古関先生です。お父さんかお母さん、おいでになりますか？」

隆くんの「お母さん、古関先生から電話だよ」という声と、母親の「エー、あんた、初日から何かやらかしたの？　もう……」という声が聞こえました。

１日目から何かトラブルを起こしたと思ったのでしょう？　母親の悲鳴に近い声が聞こえてきました。よくあることです。

「お母さんですか？　古関と言います。どうかよろしくお願い致します。隆くんのこと

ですが、今日の帰りの会が終わったあと、バラバラになっていた児童氏名のゴム印を、出席番号順にそろえてくれたんですよ。とても助かりました。よいお子さんですね。ぜひほめてあげて下さいね」

　「えっ、うれしいです。ありがとうございました。よろしくお願いします」

　このように４月、５月と、問題をかかえた子どもの家に、夜に電話をしてがんばりを伝えます。翌日の朝の会で、そのやりとりを子どもたちの前で紹介します。子どもはとてもうれしそうです。学校でほめられ、家庭でもほめられ、やさしくされる。そのことで子どもはとても安心してがんばるようになってきます。

　保護者も疲れきって家に帰ってきたとき、学校から我が子のがんばりや成長を伝えられたら、うれしくなるのでないかと思います。こうしてつながっていく、話をしやすい関係にしていく方法です。

　学級通信も有効です。通信というと、学校からの連絡や学習計画、注意事項が多いのですが、子どもと保護者を励ますために、子どものがんばりや作文を紹介します。それだけでなく、保護者の声も掲載します。そうすることで、記録として残せるだけでなく、子どもの前で保護者をほめることができるのです。学級通信を発行することで、子どもは帰りの会で担任に認められ、家に帰って家族に認められ、スーパーで買い物の時、母親どうしの話題になって認められるというわけです。自分のがんばりが書かれている通信を部屋に貼っておく子どももいるようです。

　今はなかなかできませんが、一緒に食べたり飲んだりするのも楽しいものです。楽しみながら保護者とつきあい、子どもにやさしく接してもらえるようになれば、しめたものです。保護者は、敵ではありません。子どもをよりよく育てる仲間と考えていきましょう。

(3) 子どもに自立する力を！　保護者に安心を！

　友紀さんはとてもやさしい４年生の女の子でした。お母さんが８時過ぎに帰ってくるのですが、「お母さん、仕事で疲れているから」と言って、夕食を作るのだそうです。料理も作るし、洗濯物もたたみます。母親は友紀さんの話をできるだけ聞いてあげようとします。ですから、友紀さんはとても落ち着いていて、安心して、明るくやさしく、自分のことは自分でしっかりとやります。習い事はやっても、自分のことを自分でやらないという子どもがほとんどです。最近は珍しい素晴らしい子育てと思っていました。やがて親は亡くなるのですから、自分のことは自分でやる、他の人に迷惑をかけない、他の人と一緒に力を合わせてがんばる……、それはとても大切なことだと思います。

しかし、友紀さんの母親と話していると、だんだん涙声になってきました。理由は、勤務する会社が独立採算制にするので（会社全体ではものすごい儲けがあるとのこと）、女性でも三交代勤務をするようにと命じられたこと。しかも勤務中は携帯電話も使えないというので、断ろうとすると「いつでもやめていただいてけっこうです」と言われたとのこと。「友紀の夕飯も食べられなくなりました」と涙を流しました。私は、母親に「大変ですね。でも友紀さんのがんばりは、ていねいにお知らせしますから、何とかがんばってくださいね。友紀さんも応援してくれていますよ」と言いました。

　いま、保護者も一人ひとり大変な状況に置かれています。なんとかしたいと思いながら、バラバラにされているとも言えます。だからこそ、丁寧に保護者に接し、安心して、やさしく子どもを見るようにすることが重要だと思います。

4　生活指導と家庭支援をつなぐ

(1)　親と子どもに寄り添うこと

　学校は、学力競争やスタンダード化などにより、子どもの表情をていねいに見たり、じっくりと話を聞くことができなくなっています。以前は、子どもと遊ぶ時間がありました。とても大切なことなのに、どんどんおろそかにされてきています。また、多忙化により、保護者との関係もなかなか築くことが難しくなっています。以前は、保護者と飲食をともにしたり、家庭訪問もじっくりと時間をかけていました。このような状況のなかでも、私たちは親と子どもに寄り添い、誰もが幸せになれるような社会をつくっていく仲間を増やしていきたいものです。

(2)　いろいろな人の力を借りていくこと

　実践をすすめる上でも、いろいろな人の力を借りることが大切です。自分でがんばるだけでは疲れきってしまうし、つまずいたときにどうしていいかわからなくなってしまいます。

　私の実践を振り返ってみると、実に多くの方の顔が思い浮かんできます。一緒に実践したり、助けていただいたり、アドバイスをいただいたり、秘密基地をつくっていただいたり……。1年生を担任したときは、全戸家庭訪問をしました。そのことで、地域の方とも親しくなり、1年生に気軽に声をかけてくれるような関係ができました。もちろん、おじ

いさんやおばあさんや家族とも親しくなり、子どもの話をする上でとても効果的でした。

　子育ては多くの人の力でなされるべきです。自らの指導力を高めることは必要ですが、一人でがんばろうとするのではなく、いろいろな人たちと一緒に教育という仕事を進めていくことが、今、もっとも求められています。

⑶ 子どもに急激な変化をのぞまないこと

　教師はどうしても、子どもに良い子であることを求めます。ある学習会で、怒ったお母さんがこんな発言をしました。

　「学校は、良い子でないといけないと考えているんですか？」

　「挨拶が元気にできて、素直な良い子が一番なんですか？」

　あまりにも事細かに「良い子」であることを求められ、また失敗が許されないことについての発言でした。助言者だった私は、こう答えました。

　「まったくその通りです。子どもはいろいろな失敗をしながら成長していきます。しかし、今の学校は失敗やトラブルを抑えて、良い子でいることに力を入れています。もともと学校は楽しいところです。そして自分を成長させてくれる場です。ドキドキワクワクするような楽しい体験を友だちとすすめながら、自分の良さを見つけていくように、励ましていきましょう。自分が大切にされると、他の人にもやさしくできます。そうやって、誰もが幸せになれるような社会をつくっていくように、大切に大切に育てていきましょう」

　「子どもは何年もかかって今があります。急激な変化は望まないようにしましょう。ゆっくりとじっくりと、少しがんばったら励ましていく。あなたは価値のある人間なんだよということを、繰り返し伝えていきましょう」

　目の前の子どもたちは、日本や世界をつくっていく大切な存在です。じっくりとていねいに、人間を信用させながら、大切に育てていきましょう。

第4章

貧困問題にコミットする支援のデザイン

　スクールソーシャルワークの支援は、子どもの抱える問題の背景を包括的に見立てる（アセスメント）ところから始まります。子どもの貧困問題も、経済的困窮という切り口から、子どもの生活背景にある多様な困難に目を向ける必要を社会に問うており、見えている事象・事実へのバラバラで単発的な対応だけでは解決できないものです。

　子どもの貧困問題は、経済的困窮だけでなく、①生活困窮状態を作っている多様な要因が相互に影響しあって負のスパイラルを作っており、そこから抜け出しにくい状況であること、②そのような生活環境のなかでは、子どもが日々安心・安全のなかで学習したり、友人と交流したり、さまざまな人と出会ったり、多くの経験を積みながら自分の可能性を開花させる機会を保障されないこと、③その結果、世代間に負のスパイラルの連鎖が発生し、生活困窮状態が将来にわたって続く可能性があること、などの社会的な問題です。そして、なにより権利が保障されない、権利が侵害されている子どもたちがいるという大きな問題です。

　さて、「貧困」の定義はいろいろありますが、この章では経済的困窮をキーワードに「通常の生活を送っていく上での欲求の多くが満たされにくい、つまり世間の人たちが当たり前と考えているようなことが、当たり前にできない状態」を「貧困」とします。子どもの貧困問題に関する研究や報告から、母親自身のDV被害や虐待経験、低所得の母子家庭の抱えるさまざまな困難、地域社会からの孤立などの傾向が指摘されていますが、これらは現場実践においても十分に納得できる留意点だと思います。

　しかし、同時に注意しなければならないのは先入観と支援者の姿勢です。経済的困窮状態が続けば、誰でも大きなストレスを抱えやすいことはまちがいありません。けれども、そのような家庭で暮らす子どもや保護者に対する「不幸のどん底にいて気の毒だ」といった短絡的な把握や哀れみの姿勢は、人のもつ潜在的な力や可能性に目を向ける教育やソーシャルワーク実践にはふさわしくありません。貧困のなかにあっても、夢や希望に向かって一歩一歩前進しようとする子どもがいます。それを精一杯応援したい保護者や教師、周囲の人びとがいます。彼らはどのような力をどのように得ているのでしょう。そう考える

と、他方で「経済的困窮がない状況は、子どもの貧困問題とは無縁なのか」という問題意識が芽生えます。現在、経済的困窮状態になくても、多くの困難のなかで「生きづらさ」を抱えていたり、何らかの事情があって教育の機会から遠ざかっているというように、将来「貧困問題」を抱えるリスクのある子どもたちは少なくありません。そこにある課題を明らかにして、どのような支援が必要なのかを考えなくてはなりません。

　子どもの抱える問題は多様で複数の要因が絡み合っており、一つとして同じものはありません。いろいろな角度からさまざまな問題意識をもって子どもの貧困問題を考えることは、すべての子どもの幸福な人生を考えることになります。スクールソーシャルワークそのものが子どもの貧困問題への対応であると言えるゆえんです。

　この章では、こうした考え方に立ち、過去〜現在〜未来の時間軸で包括的に子どもの貧困問題をとらえ、子どもが大人になっていくプロセスを視野に入れながら「どうすれば一人ひとりの子どもが自分の未来へ希望をもって成長していけるのか」「どうすれば、一人ひとりの子どもが自分のもつ潜在的な力を最大限に発揮し、自己実現を果たすことができるのか」を主軸に支援のデザインを考えていきたいと思います。

1　学校での相談や教育実践のなかで主訴として現われにくい「貧困」

(1) 子どもに表出しやすい「貧困問題」

① 当事者から示される「貧困問題」

　まず、子どもや保護者から学校生活や教育活動にかかわって「お金がなくて困っている」という相談がある場合、少なくとも教師は子どもの家庭に経済的困窮状態があり、子どもの教育に影響が生じていることを知ります。

② 「子どもの問題」の背景にある「貧困問題」

　しかし、当事者からの相談だけで貧困問題を把握するわけではありません。教師の目線で、「問題あり」と認識される子どもの背景に貧困問題をキャッチする場合も少なくありません。たとえば、不登校・いじめ（加害・被害）・非行・暴力など、子どもの言動や人間関係に表れる事象や、学用品が揃わない・諸経費の滞納・身なりの不衛生・子どもが教育を受けるための世話ができないなど、家庭や保護者の問題が何らかの形で子どもの状況に表れる事象の背景に、経済的困窮とそれにかかわる多様な困難が見えてくることがあります。それが貧困問題です。

なかでも経済的困窮とともに見えてくる困難のうち、子どもにより大きな影響を与えているものは虐待（身体的虐待・性的虐待・ネグレクト・心理的虐待）です。虐待は世代間連鎖しやすい問題であると言われています。学校は「虐待」を疑った場合は速やかに通告し、関係機関との支援をスタートしますので、そこからは貧困問題ではなく虐待問題という認識になります。子どもの背景に貧困と虐待が重なり合い、そこに世代間連鎖があると認めたとき、教師や支援に関わる多くの関係者は、貧困と虐待の相関関係、それゆえの子どもや家庭が抱える課題の大きさや根深さを実感します。

(2) 子どもに表出しにくい「貧困問題」

① 見えにくい経済的困窮

　(1)のように、ある意味でわかりやすいサインを出してくれる子どもばかりではありません。いわゆる「ふつうの子」の貧困問題は、突然重大事態に至ったり、気がついたときには取り返しのつかない大きな問題になっていたりすることがあります。また、教師が「貧困」に気づかなかったために、修学旅行に行けなかったり、制服がなくて入学式に出られなかったりしたとき、大人になってもそれは苦い記憶として残ります。予定していた進学をあきらめざるを得なかった場合はなおさらで、その後の人生に大きな影響があるでしょう。そのような子どもの悲しみに寄り添った教師もまた「気づいてやれなかった」辛い記憶を心に刻みます。

　このように、教師の目の前に「突然」表出する貧困問題は、生活保護や就学援助を受けている世帯だけでなく、それらを受給していないが経済的困窮状態、いわゆるボーダーライン層と言われる低所得の家庭の子どもたちに生じる問題であることが少なくないと思われます。学校は事務手続き上、生活保護や就学援助の受給家庭（要保護・準要保護家庭）を把握しており、必要な場面で担任等もその有無を確認できますが、経済的困窮であるのに生活保護や就学援助を受給していない場合はそれが見えません。しかし、現実にはひとり親の母親がパート労働のダブルワークで昼も夜も働き続けてなんとか生活を支えているという家庭も少なくありません。また、教師や友人にそのような「お金に困っている」家庭の状況を話すことができず、友だちと同じでありたい、貧困を認めたくないという気持ちを持つ子どもも少なくありません。あるいは貧困に気づいていない子どももいるでしょう。保護者にも「他の子どもと同じようにしてやりたい」という気持ちが強くあるはずです。ですから、子ども自身に大きな問題事象もなく、友だちと同じような衣服や持ち物で、諸経費の支払いも保護者の対応も「ふつう」と見なされている場合は、家計が火の車であっても、周囲がそれに気づくことは難しいかもしれません。しかし、制度の狭間にあってギ

リギリの生活を送っている低所得家庭は、経済的な面だけでなく心身ともに余裕がなく生活基盤が脆弱です。とくに頼れる親族や知人もなく、不安定な雇用状態にあるひとり親家庭の場合、病気やケガ等で仕事ができなくなったり、災害や大きな出費を伴う出来事があったりと、想定外の出来事が生じた場合、たちまち生活は逼迫します。そして、そのような状態がしばらく続けば、負のスパイラルから抜け出しにくくなることも考えられます。

　保護者が生活保護や就学援助の制度を利用していない背景には、制度を知らなかった、申請するのは恥だ、申請しても認められなかった、受給条件に当てはまらない、申請が面倒などの理由があります。その他、何らかの理由があって申請をためらう保護者や、読み書きの問題から申請できなかった保護者もいます。子どもへの影響を考えると看過できない問題です。

　子どもの貧困問題は、見えるところだけでなく、見えにくい部分にこそ大きな問題が潜んでいるのです。

② 虐待環境にある「貧困問題」

　すでに述べたように、貧困問題と虐待問題は時間軸の中でも相関関係になりやすく、両者とも世代間連鎖を生じやすい問題です。したがって、経済的困窮だけでなく、虐待環境にある貧困問題に着目する必要があるでしょう。とくに児童虐待は、「児童の人権を著しく侵害し、その心身の成長及び人格の形成に重大な影響を与えるとともに、我が国における将来の世代の育成にも懸念を及ぼす」（児童虐待防止法第1条）とされ、最近の研究では脳に重篤なダメージを与えることも明らかになっています。学校現場では被虐待児に見られる人間関係の作りにくさ、心理的な不安定、自尊感情の低さ、低学力や学習への意欲のなさなど、多様な問題があげられており、子どもの可能性を引き出す教育実践上でも大きな課題となっています。これらは、子どもの進路保障や就労、家庭生活、社会生活にかかわる課題でもあり、まさに貧困につながる問題です。「虐待」を疑った場合は、一日も早く支援につなぐ必要があります。

2 「気づき」から見えてくる「子どもの貧困」

　ここからは模擬事例を通して子どもの貧困の一端をとらえてみましょう。なお、この章で使う事例はすべて複数の具体例を参考に筆者が創作したフィクションです。

(1) まじめなAくん

① 概要

　Aくんは中学2年生、両親と小学3年生の弟がいる。Aくんは授業にも学級の係活動にもまじめに取り組む子どもで、教師からも友人たちからも信頼されていた。ところがある日、小学校に通うAくんの弟が担任へ話した内容から、Aくんが弟に日常的に暴力をふるっていることがわかった。弟は、近頃気持ちが不安定になりやすくなっている。小学校から連絡を受けたAくんの担任は、Aくんが近頃部活動に参加していないことを知っていたため、そのことを理由にAくんを呼んで話を聞いた。そして、母親にも話を聞いてみた。

② Aくんと母親、二人の話から見えてきたこと

・Aくんの父親が勤務していた会社が経営不振で半年前に倒産した。双方の実家は経済的な援助を期待できる状況ではない。

・現在は失業手当と貯金の切り崩しでやりくりしているが、父親の再就職がなかなか決まらない。専業主婦だった母親も急遽パートに出始めたが、家賃分がやっとの収入である。

・母親は「子どもたちに心配かけないように」と、表向きは今までどおりにしている。

・両親は毎日のように言い争いばかりするようになった。ときには離婚の話まで出る。Aくんは、両親の言い争いが辛く、お金の心配をかけなければケンカもないだろうと思った。

・Aくんは、ある運動部に入っていたが、練習試合の旅費や道具の代金を親に頼むことはできないと考え退部するつもりでいた。しかし、レギュラー部員を目指してがんばっていただけに、どうにもならない苛立ちをおさえきれず、それを弟にぶつけてしまっていた。そして、そんな自分が嫌で、ますますいらだちがつのっていた。

③ Aくんの不安

　「経済的困窮」は、大人にとって最もストレスフルな状況でしょう。しかし、子どもは多くの場合「父母や家族間のギクシャクした雰囲気」に大きな不安を感じています。家庭に温かさや安心・安全であることを求めているのです。そして、そのために何かをあきらめようとする子どもがいます。Aくんの場合は「楽しみにしている部活動」から、つまり、参加したり経験したりする機会から自ら遠ざかろうとしました。満たされない思いは弱い立場の弟へ向けられ、そこから子どもへの「負の連鎖」が始まりかけたのです。

④ 早期支援

　Aくんの事例の場合、小学校と中学校の教師が早期に連携したことで、「見えにくい問題」に気づくことができ、深刻な貧困問題になる前に、子どもと保護者への支援を開始することができました。不安定になっていた弟も明るい表情にもどり、Aくんも部活動で元気に汗を流しています。学校も、部活動での出費が抑えられるような配慮や工夫を行っています。学校とともに子どものことを話し合った父母は、改めて子どもの将来と家族の今後のことを考えました。ほどなく父親の再就職が決まりました。家の近くの小さな会社で給料は減りましたが、母親のパート収入と合わせれば大丈夫。父親の帰宅が早くなり、家族そろって食事ができると子どもたちは喜んでいるそうです。

(2) 裕福な家庭で育ったBさん（母親）

① 概要

　Bさんは、小学3年生と5年生の二人の子どもを育てているひとり親である。精神障害を抱えているため、就労はまだできず生活保護を受給している。3年生の担任は、ときどき欠席があり、Bさんの前ではいつも緊張した表情を見せる子どもたちの姿が気になっていたが、あるときBさん自身の悩みを聞くことができた。そのなかで、Bさんは、わが子に対してどのようにかかわっていいのかわからず、不安と苛立ちのなかで子育てをしていたことがわかった。

② Bさんの子ども時代

　Bさんは、裕福な家庭の一人娘として育ち、誰よりも高価なものを買い与えられて育った。Bさんが幼稚園の頃、母親が亡くなり父子家庭となったが、父親は仕事で忙しく、休日も家にいたことがなかった。Bさんは学校から帰るとタクシーの送迎で塾やお稽古事に通い、帰宅後は日勤の家政婦さんが作っておいた夕食を一人で食べた。父親が気にするのはBさんの成績だけで、それ以外の話題には興味を示さなかった。

　Bさんは一生懸命勉強し、父親の決めた私立高校に入学したが、16歳になった頃に妊娠がわかった。激怒した父親に勘当を言い渡されたBさんは、高校を退学し家を出て結婚した。「優しい王子様」に見えた夫は、実はひどいDV男だった。Bさんは「自分が悪い」と考え、「がまんすること」しかわからなかったが、あるときふと「逃げなくては」と気づき、子どもたちを連れて家を出た。友人・知人がいなかったBさんは、勇気を出して実家の父親に相談したが、「おまえが弱いからだ」と突き返された。それ以後、Bさんは実家とは連絡を絶っている。

③ Bさんの「貧困問題」

○Bさん自身が子どもだった頃の気持ち

「私は、父に認められたかった。でも、いくらがんばっても認められることはなかった。私は、いつも一人で孤独で、いつも淋しかった。私は、ふつうの家庭がほしかった。でも実際はふつうの家庭がどういうもので、親子の関係がどういうものなのかわからなかった」

○Bさんの「貧困」のスパイラル

　周囲からは「お金持ちで、教育にお金をかけてもらっている恵まれた子ども」と認識されていたと思われるBさん。しかし、「親に認められない」「孤独」「淋しい」「ふつうの家庭がほしかった」というBさんの思いは、「親から愛されている安心感」という、子どもとしての基本的な欲求が満たされていなかったことを示している。そればかりか、友だちとの交遊や親以外の人びととのつながりも希薄だった。言い換えれば、子ども時代のBさんは、「経済的困窮」と「教育の機会の剥奪」を伴わないが、深刻な貧困問題を抱えていたと言える。最も見えにくい貧困問題は、大人になったBさんに、経済的困窮を伴う多様な困難をもたらし、それが今、Bさんの子どもたちの貧困問題となっている。

④ 「つながり」をつくる

　Bさんの窮状をキャッチした3年担任は、5年担任や教育相談主任、管理職と相談しながら、Bさんを子育ての相談機関につなぎ、学校としても日常的にBさんに根気強く関わりました。そうするうちに、Bさんも何か困ったことがあると学校に積極的に相談してくれるようになりました。「人に相談できるようになったことがうれしい」とBさんは言います。今年は、市の就労支援制度でパソコン講習を受けるそうです。二人の子どもたちの登校は順調になり、明るい表情で学校生活を送っています。

(3) 支援のデザインの重要性

① ミクロ〜メゾ〜マクロで相互作用・交互作用を生み出す設計図の重要性

　負の連鎖という「つながり」は目に見えないものですが、支援ではその「つながり方」にプラスの変化が生じることが求められます。それを実践するには広範囲を視野に入れた継続的な支援を可能とする立体的な「支援のデザイン」が必要です。「支援のデザイン」は、「当事者を巻き込みながらミクロ領域からマクロ領域に至るまでの全体を俯瞰し、次のプラスを生みだす相互作用を思考し、安全で安定した環境、持続可能でかつ発展する仕組みやシステムにつながる具体的で立体的で工夫された支援の設計図」(佐々木：2015) です。

② 子どもの抱える不足の改善状況が持続し発展する

　支援のデザインを描く際は、今、子どもが幸せであるように考えるのはもちろん、子どもが大人になったとき、子どもが親になったときなどまでの、長期的な視野を必要とします。

③ 包括的アセスメントで課題とストレングスを明確にする

○子どもの抱える困難に気づく

　子どもの貧困問題は「見えにくいこと」があるため、問題が深刻化する前にまず「気づく」ことが必要です。そのため、学校においては次の視点や姿勢が必要でしょう。

　(1)子どもに表れる全ての事象や変化から、子どもの抱える困難を見出そうとする。(2)その困難は、現在または将来の子どもの貧困問題につながるものかもしれないととらえる。

○子どもと環境の関係性を見立てる

　子どもの生活環境は、家庭環境、学校環境、地域環境、社会環境、その他さまざまな環境からなる重層的・複層的な構造をもっています。包括的アセスメントでは、そのような環境と子どもとの関係性において、どのような課題がどのような困難を生じさせているのか、当事者にはどのようなストレングス（強み）があるのかを見立てます。具体的には、子どもや家族のアセスメントのみならず、学校アセスメント、地域アセスメントが必要です。それぞれの抱える課題とストレングスが明確になることで、プラスの相互作用を期待しうるプランを考えることができます（包括的アセスメントの方法については『子どもが笑顔になるスクールソーシャルワーク』を参照してください）。

④ 当事者の主体性を活かす

　誰もが自分の人生の主人公で問題解決の主体者です。自分らしく生きるためには、自分の歩幅で自分らしく自分の意志で進みたい。そうやって小さな一歩を踏み出せたとき、人はさらなる一歩を踏み出そうとします。支援とは、そのような力が出せるように支え合いの関係をつくることではないでしょうか。子ども中心の支援のデザインでは、子どもの本来的な願いや希望が実現するために、「子どもを始め、当事者の主体性が反映され、彼らの潜在的な力が発揮できること」が大原則です。

3 支援のデザインを描く──不登校・Ｘ子の支援のデザイン

(1) 活動計画をつくる

　ある中学校に、今年からスクールソーシャルワーカーが勤務するようになりました。

> **学校**：学校内での暴力事件や器物破損など目立つ問題はあまりないが、校外での万引きや家出、ささいなことでの子ども同士の諍いや、長期間欠席する子どもの数が多い。教職員は指導に対して一生懸命であり、常に学年チームで対応しようとしている。学年間や委員会間での連携はあまりない。小学校はもちろん地域との連携の経験はない。対応方法は、これまでは主に学年主任の経験則に基づいて選択されてきており、包括的アセスメント・プランニングという背景を理解した上での計画的な対応の経験はない。

> **地域**：先祖代々地域に住んでいる住民を主に、他地域から転入してきた住民が少しずつ増えている。自治会の活動には転入してきた住民はあまり参加しない。地域住民と学校との協力の具体例はまだないが、地域住民と学校との関係は悪くない。PTAは学校に協力的である。関係機関では、警察との連携は活発であるが、福祉事務所や児童相談所との連携はあまりうまくいっていない。地域の民生委員・児童委員との連携はほとんどない。その他の社会資源についての情報をもっていない。

　スクールソーシャルワーカーは、管理職やコーディネーターの生徒指導主事との話し合いのなかで、学校や地域の状況について上記のように把握しました。そのうえで、今年度の活動方針を「学校が校内外でつながるための支援」と共通理解し、活動目標を「アセスメントに基づくチーム支援体制の構築、支援」としました。

(2) 小・中連携のケース会議から包括的アセスメント（見立て）へ

　7月初旬のある日、中学校では中学1年生のＸ子についてケース会議を行いました。この会議には、スクールソーシャルワーカーの提案によって、小学校の教師も参加し、小・中連携のケース会議となりました。なお、司会はコーディネーター（生徒指導主事）が務めました。

　［参加者］中学校＝校長、コーディネーター（生徒指導主事）、教育相談主任（3年部所

属）、X子の担任、１学年部学年主任・所属教師、バレー部顧問（２年部所属）、スクールソーシャルワーカー。小学校＝校長、弟Yの担任、X子の元担任（５、６年）、特別支援教育コーディネーター。

中学校からの情報：X子は13歳（中学校１年）、弟Yは7歳（小学校１年）。母子家庭。X子は、中学校入学直後は登校したが、５月の連休明けから少しずつ欠席するようになり、６月に入ってからは全く登校しなくなった。また、X子は入学後にバレー部に入ったが、何人かの部員との間で人間関係のトラブルが発生したため４月下旬から練習に来なくなった。その時期は家庭訪問週間であり、約束の時間に母Cさんは在宅していた。玄関先で立ったままの５分間ほどの応答の中で、担任は学校でのX子の様子を話し、家庭での様子を尋ねた。母Cさんはつぎのように語った。「X子は、よく手伝ってくれる優しい子。私は仕事の都合で朝早くに家を出るが、子どもたちには、遅刻しないでちゃんと登校するように言っている。学校側も、X子が学校で過ごしやすいように気配りしてほしい」。欠席連絡はないため、母Cさんの携帯電話に電話をしても、なかなかつながらない。まれに水曜日の午前中と木曜日の午後に電話がつながることがあるが、攻撃的な口調や迷惑そうな様子がうかがわれ、要件を伝えると「はい、わかりました」と言って一方的に電話を切る。各担任は家庭訪問時に全ての家庭に就学援助申請の案内を手渡しして簡単な説明をするが、母Cさんからの申請はまだない。諸経費は滞納している。生活保護の受給はない。放課後に家庭訪問しても応答はないが、夕方にX子が小学校１年の弟Yを連れて近所のスーパーで買い物をしている姿はよく目撃されている。なお、玄関先から部屋の中の状態は見えなかった。

小学校からの情報：X子の情報：X子は小学校５年生の９月に同市内で転居し、現在のアパートで暮らしている。転校前の小学校からは「X子は、入学後から欠席が多かったものの、母親（弟Yを連れて）の送り迎えがある日は登校した。X子は、登校すれば学級で過ごしていたが、登校しても友だちと遊ぶ約束もせずに母Cさんと帰っていた。言葉遣いが荒く同級生ともささいなことでケンカになることが多かったこともあり、親しい友だちはできなかった。学年が上がるにつれて学校から遠ざかり、５年生の春からは登校しなくなった」と聞いていた。転入後は、最初の３日ほどは登校したが、その後は欠席がつづき、６年生での修学旅行も行かないまま卒業した。登校に向けて、電話や家庭訪問で働きかけていたが、なかなか電話はつながらなかった。夕方の家庭訪問では、ときどき母Cさんと一緒に玄関先にX子が出てくることがあったが、母Cさんが「本人が学校に行きたくないというので無理に登校させられない」と話すばかりで、X子が話

すことはなかった。転入前の小学校指導要録の記述からは、X子の基本的な学力には問題がなく理解力もあることがわかるが、転入後の小学校高学年からほとんど授業に参加していないために未学習のものが多い。諸経費は滞納したまま卒業した。

弟Yの情報：弟Yは、週に2〜3日ほどの登校で、10時〜12時に小学校の正門の手前までX子が送ってくる姿を見ることがある。下校時は、X子が正門あたりでYを待っている。Yには言葉のおくれがあり、理解力が低く、ひらがな・カタカナの読み書きや、数をかぞえることにも大きな困難を抱えており、授業中はもちろん学校生活全般において個別対応が必要であると思われる。身体が小さく幼い雰囲気があるため、クラスの女子児童にいろいろと手伝ってもらい可愛がられている印象。宿題もほとんどできていないが、時々本人とは異なる文字で漢字ドリルや算数ドリルに答えが記入されていることもある。学習道具や給食の用意ができていないことが多い。保育要録や母Cさんの同意を得た上での保育所からの引き継ぎ内容で、「保育所には4歳のときに入所したが、欠席も多かった。登園時の送り迎えはX子であることも少なくなかった。Yの様子から発達相談を勧めたところ、すでに3歳児検診のとき発達相談センターを紹介され『発達の遅れ』を指摘されたとのこと。しかし、母Cさんは『Yは成長が少しゆっくり。そのうちに追いつくはず』と、療育には関心を示さなかった」ことがわかる。就学時健康診断でも特別支援学校が適切、そうでなければ特別支援学級が適切ではないかと勧められたが、いずれも母Cさんの強い拒否で公立小学校普通学級に在籍することになった。諸経費は滞納している。ちなみに弟Yについて保育所が母Cさんから小学校への引き継ぎの同意を得るのは難しさがあったとのこと。

母Cさんの情報：保育所からの引き継ぎ情報から、「当市には2年前に転入し保育所に弟Yを預けた。DVによる離婚とのこと。当時の母Cさんは精神的に不安定で、仕事を休むことが多いため仕事が長く続かずパート先を転々としていた」ことがわかる。弟Yの小学校入学後は、朝8時前から一つ目の仕事にでかけ、終了後はそのまま次のパート先に移動し勤務している。弟Yの担任に「姉のX子がいるので学童保育はやめた」「児童手当と児童扶養手当はもらっている。就学援助は申請するつもりがない」と伝えた。どのような仕事で、どれくらいの収入があるかは不明である。帰宅は夜9時頃になるとのこと。弟Yの連絡ノートに、家庭への連絡を書いても反応がなく、読んでいる形跡がない。

　ケース会議では、参加者からさらなる情報が提供され共有しあいました（さらなる情報は省略）。そして、それらを包括的に分析・理解し、次のように背景を見立てました。

図1　X子と家族の見立て

	教育	家庭生活
		X子と家族の見立て
X子	・登校しても未学習の内容が多く、授業に参加することで「わからない自分」を実感し、自尊感情が低下しているかもしれない ・自身の学習はもちろん進路や将来について、母親と相談できていないのではないか ・弟Yの送り迎えが必要なため、自分の登校を後回しにしているのではないか	・両親の離婚前も後も、常に家庭に不安感を抱えながら生活しているのではないか。 ・DV家庭であったときから、母子間に共依存関係があったのではないか ・幼少時から現在までに望ましい「家庭モデル」をもっていないのではないか ・母子家庭になってからは、母親に代わり、弟の養育者としての役割を担っているのではないか ・食事の支度をはじめ、家事のほとんどは、X子が担っているのではないか ・母親の帰宅に合わせて就寝時間が遅くなり、朝は起きられないのではないか ・修学旅行に行かず、バレー部を退部したのも、人間関係だけでなく、経済的な問題も要因にあるのではないか
弟Y	・早期療育の機会を逃してしまったため、生活スキル等が身についていない ・一人で登下校する力がまだ身についていない ・普通学級での学習は、今後ますます本人には難しくなり、「わかる」「できた」の喜びよりも、「わからない」「できない」実感を強め自尊感情が低下するのではないか ・母親の理解が得られないために、本人に適した教育・学習環境が提供されにくい	・母親の帰宅に合わせて就寝時間が遅くなり、朝は起きられないのではないか ・水曜日と木曜日の登校がないのは、母親と一緒にいたいからではないか
母Cさん	・X子や弟Yの教育や将来を考える余裕がないかもしれない ・弟Yの発達への理解が進まず、適切な療育や教育の機会から遠ざけようとしている	・一生懸命に働き、子どもたちを育てようとしているが、パート労働で得られる収入には限界があるのではないか。 ・諸経費が滞納しているが、何らかの理由や事情があるのではないかと思われる ・電話での母親の口調が攻撃的になっており、子どもの登校や持ちものについての話題にはイライラ感をはっきり示すことから、子どもの世話をする余裕がないのではないか ・とくに、6月に諸経費の支払いについての話題が出たときから、ますます電話に出なくなっており、経済的に困っているのではないか ・子どもたちより早く家を出るため、学校に送り出すことができず、出欠についても把握できないのではないか ・X子の家事・育児の力に期待している部分は否めず、結果的に登校しないことを容認しているのではないか ・家庭の中で子どもたちにどのように接しているのか不明であるが、心身の疲れやストレスが子どもたちに向けられている可能性もある ・様々な支援制度について、知識がないのではないか
疑問点	なぜ明らかに発達上の特性があると思われる弟Yを普通学級に在籍させたいのか。普通学級にこだわる理由はなにか	なぜ経済的な援助を受けようとしないのか。受ける必要がないのか、受けたくないのか、受けられない理由があるのか

つながり	ストレングス	利用可能な公的支援制度
・DV環境による心理的虐待の影響か、他者への不信感が強く、周囲と良好な人間関係を作ることが苦手であるため（他者とどのように接すればいいのかわからない、言葉づかいが荒い）、社会参加に困難を抱えているのではないか ・小学校でも中学校でも友だちができず、淋しい想いをしているのではないか ・登校もせず社会との接点も少ないため、社会性が育っていかないのではないか	・家庭での役割において自己有用感を得ている。 ・家事（買い物、食事のしたく、衣類の洗濯、掃除）のスキルを身につけている ・母親を助け、弟を守ろうとする意識が強く、家族の世話ができる ・学校生活を送ろうと前向きな姿勢を見せたことがある ・弟Yの登校を支援しようとする ・学校生活を送ることが望ましいことを理解しているのではないか ・理解力に問題はない。これから様々な力をつけていける可能性がある	
・登校が順調ではないため、教師や他の子どもたちとの交流が少ない ・地域その他での交流もなく、交流範囲が家族に限定されがちである	・DV環境にあったが、愛着形成はある程度できているかもしれない ・X子による日常の世話で、食事や衛生面はなんとか保たれているのではないか ・他者からの関わりを拒まない	・特別支援教育（特別支援学級、通級指導、特別支援学級）（未） ・放課後デイサービス（未） ・移動支援（未） ・療育手帳（未）
・自治会には加入せず、近隣と交流もしないため、家庭全体が地域から孤立している。 ・なんらかの理由があって、「支援を受けずに一人でがんばること」にこだわっているのではないか	・以前はX子を連れて登校させるなどの事実があり、学校に行くことの意義は理解していると思われる ・ダブルワークが続いていることから、今のところ体調の大きな崩れはなく、一定の社会性や能力は身についていると思われる ・午前のパート先は水曜日が、午後からのパート先は木曜日が休業であるらしい。木曜日の夜は家族一緒に過ごしているのではないか ・自立して生活しようとする意欲がある	・児童手当 ・児童扶養手当 ・特別児童扶養手当（未） ・就学援助（未）
相談できる親族や友人・知人はいるのか		

(3) X子と貧困

① X子と「貧困問題」

　スクールソーシャルワーカーは、「見立て」をふまえて、X子たちの「貧困問題」について、ホワイトボードにまとめ、共通理解を図りました。ここではX子について取り上げてみます。

---

①X子が得られていないもの（子どもの権利の剥奪）

　　望ましい家庭モデル

　　子ども期に「子どもでいること」

　　学校教育をはじめ、X子の潜在的な力を引き出すさまざまな機会

　　家族以外の大人や同じ年頃の子どもたちと交流する機会

　　将来の夢や希望について一緒に考え、応援してもらう機会

②今後の課題やリスクとなり得るもの

　　現状の生活の継続は、X子の育つ権利を奪い、X子の自己実現を阻む

　　授業内容が理解できず、友人もいないため、登校する意義を見出せない

　　高校進学しない場合は、安定した就労を得るための条件が不利（中卒の学歴）

　　周囲に「支援を求める力」が発揮できていない

　　社会的スキルの不足のため、就労や社会生活に困難があると思われる

　　困ったときに相談できる人（大人・友人）をもてない

　X子が潜在的に大きな力をもっていることは明らかなのに、日常生活で必要な金銭や物質だけではなく、子どもとしての彼女の「権利」が保障されないことで、それを開花させるための「得るべきもの」を得ていないことも確かです。これがX子の今後の課題やリスクになるのです。

② X子の貧困のスパイラル

　X子の事例を時間軸で整理してみると、まずX子たちの母親が抱える大きな困難（DV被害の影響、経済的困窮、養育困難）があり、「貧困問題」を抱えています。DV環境で育ったX子は被虐待児（心理的虐待）で、もの心ついたときから母親の同伴者や協力者としての役割（子どもではなく、母を支える役割）を担ってきた可能性があり、「経済的困窮」と教育の機会から遠ざかっているという「貧困問題」の負のスパイラルのなかにあります。小学校の弟Yには特別なニーズがあり（適切な養育・療育・学校教育、就労や社会参加の

サポートが必要)、「貧困」の負のスパイラルは今後の彼の人生にとって深刻な困難をもたらす可能性があります。そして、それはX子の家庭のさらなる困難の一つとなり得るでしょう。

(4) 支援のデザインに取り入れる要素

① X子に必要な要素
- 「子どもの権利」の保障（「子ども」として守られながら、学ぶ、遊ぶ、参加するなど）
- 遅れていた学習の補充、これからの学習保障、人びととの交流、進路保障
- 安心・安全な居場所（家庭・学校、地域）
- 自分の将来への夢や希望
- 「つながり」と「支え合い」の関係

② 弟Yに必要な要素
- 可能性を最大限に引き出すための機会（発達上の特性に適した教育環境）
- 弟Yに適した教育（生活指導、学習指導、人びととの交流、進路保障）
- 安心・安全な居場所（家庭・学校、地域）
- 自分の将来への夢や希望

③ 母Cさんに必要な要素
- 「支援を求める力」
- 子どもたちと過ごす時間
- 経済的な支援や福祉サービスの利用と就労のバランス
- 時間的、精神的なゆとり
- 子どもたちと自分の将来への夢や希望・展望

④ さまざまな支援制度の活用
- 経済的支援（就学援助、児童扶養手当、療育手帳その他障がい児への支援制度や費用負担軽減）
- 母子家庭・ひとり親家庭への支援制度
- 小学校・中学校での就学援助の受給（または教育扶助の受給）

⑤ 「つながり」の構築
- 小・中の日常的な連携
- X子、弟Y、母Cさんとの信頼関係
- 校内でサポートしあえるチーム体制
- 地域や関係機関との連携

⑥ 特別なニーズへの対応
　　・学習保障の場（小・中学校、家庭、地域）
　　・学習指導の工夫（小・中学校）

（5）「つながる力」は不可欠──支援を求める力を引き出す

　このような家庭は、決して特別な事例ではありません。Ｘ子も母Ｃさんも弟Ｙも、それぞれの立場で一生懸命生きていますが、「孤独」や「孤立」により「つながり」ができず、このままでは「貧困問題」がさらに多問題化するのは必至です。さまざまな福祉サービスや制度は、支援を求める人に「つながる力」があることを想定しています。しかし、本当に支援を必要としている人や家庭は、「つながる力」が弱っていたり、身についていなかったりします。まずは「支援を求める力」を引き出すことを考える必要があります。

　ケース会議では、まだ不明な点も多いこともあり、まず母親とつながる必要があると共通理解しました。しかし、母Ｃさんは担任には警戒心をもっているかもしれません。そこで、これまで関わりのなかった中学校の教育相談主任が、母Ｃさんと会って話を聞かせてもらうことにしました。

　木曜日の午後、約束の時間にしぶしぶやってきた母Ｃさんを、教育相談主任はにこやかに迎えました。Ｘ子の登校や諸経費について責められると身構えていた母Ｃさんでしたが、お茶をすすめながら子育ての大変さに共感してくれるなど、おだやかな教育相談主任の対応に、しだいに打ち解けていきました。そして、次のようなことを話してくれたのです。

　｜元夫からのDV被害のために２年前に離婚し、現在のアパートに転居した。養育費をもらわないことを条件に離婚できた。そして、ちゃんと働いて子どもたちを育てることを条件に、私が子どもたちの親権をとった。元夫は、いつも私をバカにしていた。だから意地でも福祉の世話になりたくない。弟Ｙに障がいがあることも元夫には隠している。そうして今日までなんとかやってきたけれど、仕事から帰って日々のやりくりを考えているだけで毎日疲れ果ててしまい、子どもたちのことを考える余裕がない。二人には申し訳なく思うけれど、どうしてあげることもできない。私にはやはり無理なのかもしれない」

　母Ｃさんは苦しそうな顔でうつむきました。教育相談主任は、辛いことを話してくれた母Ｃさんにお礼を言い、これまでのがんばりを十分に受け止めました。

　「おかあさん、私たちもＸ子さんと弟Ｙさんを大切に思っています。だから今、おかあさんから『手伝って！』と言ってもらえたら、はい、喜んで！と即答しますよ。いかがですか？」

　やさしく、でもはっきりと伝えた教育相談主任の言葉に、母Ｃさんは、涙をボロボロ流

しながら何度もうなずきました。承諾を得たと理解した教育相談主任は「協力させていただけることに感謝します。ありがとうございます」と、静かに言いました。母Cさんは、2週間後の木曜日に再度来校する約束をして帰っていきました。

(6) 大きな支援の流れを描く

① 20歳時（7年後）のX子をイメージする

　急遽開催された第2回の小・中連携ケース会議では、中学校の教育相談主任から報告を受け、母Cさんの抱える事情と困難をみなで共通理解しました。そしてスクールソーシャルワーカーの提案で、X子が20歳になったときの、X子たち家族の姿を大まかにイメージしてみました。

○X子が希望する進路に進んでいる（正規就労、または専門学校や大学に進学）。

○弟Yが、中学校の特別支援学級または、特別支援学校中等部に在籍して適切な教育と必要な福祉サービスをうけている。

○母Cさんが、さまざまな支援制度を活用して安定した就労と子育てを行っている。

　そして、そのような方向をめざし、どのようなステップを踏んでいくことが必要なのかも考えてみました。まずは、経済的困窮への対策として、次回、母Cさんが中学校に来校したときに「子どもたちの教育保障のために」就学援助の申請をすることを教育相談主任が勧めてみることにしました。就学援助で教育費の負担はかなり軽減されますし、なかでも大きな出費となる修学旅行費を心配する必要はなくなります。諸経費も最初から学校への振り込みにすれば滞納の心配はなくなります。

　その上で、今、学校としてできることは何か、学校だけでは難しいことは何かをみなで考えました。

② 学校ができることをやってみる

生徒指導主事　夏休みに何かできないかな。X子とつながるチャンスだと思うけれど。

SSWr（スクールソーシャルワーカー）　X子や弟Yが、学習補充や人と交流する機会がもてたらいいですね。

学年主任　小学校と連携すれば、できることもあるかもしれないね。たとえば、弟Yを小学校の補習にX子が送ってきて、その足でX子が中学校の補習に来る。補習が終わったら弟Yを迎えに小学校によるとか。

弟Yの担任　補習が終わったら、調理室で家庭科の勉強として調理実習をしてみましょうか。帰りに弟Yを迎えにきたX子にも手伝ってもらえると思います。ただし補習は夏休

み初めの1週間くらいと終了前の3〜4日しかできませんが。

特別支援コーディネーター　それを特別支援学級との合同企画にしてもらえたら、子ども同士の交流も図れますね。

X子担任　中学校でも補習は夏休み初めの週に設定しますからちょうど良いと思います。私は、そのときにゆっくりとX子の思いを聞いてみたいと思います。

バレー部顧問　8月の初め頃に夏の大会が終わり、実質的に3年生は引退して、その後は1、2年生だけの練習になります。X子に、部活も新体制になるから一緒にやろう、と声をかけてみます。そのとき、部活に対するX子の思いも聞いてみようかな。

SSWr　どれもステキな企画ですね。ちょっと欲張り過ぎかも知れませんが、夏休みに1度、部活動の日帰り合宿みたいなものはできませんか？　午前の練習の後、調理室とかを使って昼食を作って食べて、その後1時間ほどは学習タイム、夕方に1時間ほど練習をして帰宅するとか。子どもはひとり100円と米1合、大人は300円と米2合を集めれば、カレーくらいはできるのではないでしょうか。うまくいけば、そこでのX子の活躍が期待できますし、部員同士の交流が図れると思うのですが。

バレー部顧問　それくらいならできそうですね。副顧問が家庭科の先生なので好都合です。他にも気になる部員がいるので、すぐに相談してみます。

教育相談主任　いずれも母Cさんの協力があればできそうな感じがします。日帰り合宿は木曜日にして、午前中は小学校で弟Yの補習をしてもらい、午後は母Cさんに迎えにきてもらえれば問題ありませんね。

X子担任　X子が、部活動に意欲を見せても、X子が弟Yの迎えと母Cさんが帰宅するまでのお守りを担っている状況では、夏休みも弟Yにつきあうことになるし、登校が再開してもX子は早退を繰り返さなくてはならず、部活動もできないですよね。

特別支援教育コーディネーター　弟Yが検査を受けて、放課後等デイサービスを利用できるようになれば、学校まで迎えにきてくれた上に、帰りも家まで送ってくれるかもしれないので、X子の負担が軽減されるはずです。母Cさんに前向きに考えていただければ、子どもたちにとってプラスになるはずです。たぶん利用料も月5千円未満だと思います。

SSWr　そうですね。低額でガイドヘルパーの利用も可能になると思います。弟Yの特別なニーズに応えながら、X子も自分らしく育っていくには、弟Yの放課後の安全確保と、母Cさんが遅くとも18時には帰宅できることが不可欠ではないでしょうか。仕事をしながら公的支援を受けて生活することを、なるべく早く検討していく必要がありますね。現実に、X子の登校再開は、弟Yの放課後をどうするかとリンクすると思います。放課後等デイサービスが利用できるまでは学童保育の利用をもう一度考えることでしょうか。おそらく学童保育利用料も減免されているはずです。

学校とつながりを作るという夏休み企画は、小・中の校長の同意を得て実行することになりました。母Cさんには、教育相談主任から提案し、母Cさんの無理のない範囲で協力を求めます。また、この取り組みをきっかけに、弟Yの特別なニーズについて小学校と母Cさんとでしっかり相談していくことも共通理解しました。

③ 学校だけでは難しいことを地域と協力する

SSWr　学校教育と公的サービスの利用は不可欠です。でも、地域で生活していくことを考えると、X子はもちろん、弟Yも母Cさんも地域の人びとと自然に交流できるといいと思います。たとえば、学習や他の子どもたちとの食事の機会は、夏休み等を使って学校で設定することはできるかもしれませんが、それは日常の地域にあるべきだと思うのです。

中学校校長　PTAも自治会も協力的だが、そういうものはまだ地域にはないな。

SSWr　子どもが地域の人と学習する無料の寺子屋みたいなものはできませんかね？

小学校校長　うちのPTAも活発だから、相談してみることはできるかもしれない。

SSWr　小・中のPTA、社会福祉協議会や民生委員・児童委員協議会、自治会の代表の方と相談してみれば良いアイデアを出してくれるのではないでしょうか。

Co（生徒指導主事）　新聞等で知りましたが、子ども食堂や寺子屋ができれば、いろいろなつながりができて、地域の子どもたちの役に立つかもしれませんね。

中学校校長　ためしに主任児童委員と校区自治会、PTAに相談してみましょうか。こういうことは校長の役割ですね。

小学校校長　私もうちのPTA会長に相談してみますよ。

Co（生徒指導主事）　社会福祉協議会には私とスクールソーシャルワーカーとで話を聞きに行きましょう。

SSWr　承知しました。最初は大人たちがリードしますが、寺子屋では年長の子どもが年少の子どもを教えたり、同年齢同士で教え合ったり、子ども食堂では、子どもも手伝って主体的に参加できたりと、生活場面での居場所が地域にできることが理想的ですね。

④ 校内で周知を図る

Co（生徒指導主事）　こういう広がりのある取り組みは初めてですね。でもこれからは必要だと思います。

SSWr　アセスメントがしっかりできたので、どのような支援が必要なのかがわかったからだと思います。学校がしっかり子どものためのプラットフォームになっていけると思います。

教育相談主任　学年をこえて学校全体で関わっていくし、小学校とも地域とも連携するの

だから、生徒指導主事から今回のいきさつや状況、主旨を説明していただき、学校全体で共通理解を図ってもらえると、動きやすくなります。

中学校校長　これを機会に、ぜひ、「チーム学校」を推進したいね。

⑤ 短期目標（9月末まで）を設定する

X子：夏休みに補習に参加する。中学校の部活動に参加する。教師と信頼関係ができる。他の子どもたちと交流する。2学期から登校が再開する。

弟Y：夏休みに小学校で補習や宿題をする。2学期から登校が順調になる。学童保育を利用する。通級指導教室で学習できるようになる。発達検査の実施が予定される。

母Cさん：小学校と信頼関係を作る。就学援助を申請する。弟Yに適した教育と将来について学校と相談する⇒発達検査の予約をする　障害福祉や母子福祉等の相談機関とつながり、さまざまな支援制度の活用を考え始める。今より早く帰宅できる仕事を探し始める。

中学校：X子たちについて、小中連携のケース会議を継続する。校内でX子についての対応策を共通理解する。X子と学校とのつながりを再構築する。母CさんやX子と信頼関係ができる。「子ども食堂」と「寺子屋」の役割について小・中の管理職やスクールソーシャルワーカーが相談する。

小学校：X子たちについて、小中連携のケース会議を継続する。母Cさんとの信頼関係ができる。弟Yの特別なニーズについて母Cさんと共通理解を図り福祉事務所につなぐ。弟Yへの個別指導を行う。「子ども食堂」と「寺子屋」の役割について小・中の管理職やスクールソーシャルワーカーが相談する。

地域：学校や地域住民、社会福祉協議会等で「子ども食堂」と「寺子屋」の設置について話し合う。

⑥ 具体的な手立てを考える

中学校：スクールソーシャルワーカーが、X子の家庭が利用できる支援制度やサービスを一覧にして教育相談主任に渡す。担任と教育相談主任がX子と母Cさんに1年部の教員が計画した夏休み学習会への参加を呼びかける。そのために弟Yの学童保育の利用について確認する。2年部所属のバレー部顧問が、補習に参加したX子と部活動への参加の再開について話し合う中でX子の思いを聞く。PTAに地域の「寺子屋」「子ども食堂」の設置について相談をかける。

小学校：女性教頭が母親の思いを受け止め頑張りを認める。子育てを気遣い、子どもの教

育のために就学援助制度の利用を勧める。担任が夏休みの弟 Y の個別指導を申し出る。その日は迎えにきた X 子と一緒に校内で昼食を摂ることを提案する。特別支援教育コーディネーターは弟 Y の可能性と特別なニーズについて母親と共通理解を図り、専門機関での相談を勧める。PTA に地域の「寺子屋」「子ども食堂」の設置について相談をかける。

地域：小学校と中学校と協力して、社会福祉協議会や民生委員・児童委員協議会などに地域の「寺子屋」「子ども食堂」の設置について相談する

⑦ X子の家庭に必要または可能な「つながり」図を描く。

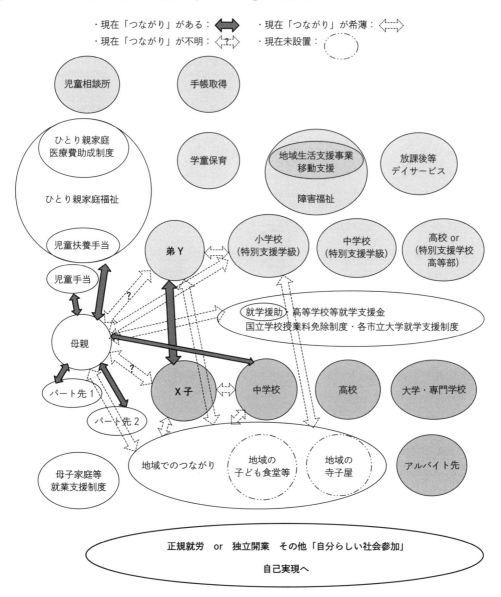

図2　7年後の目標達成への「つながり」の図と、現在の関係性（例）

⑧ できるだけ母Cさん、X子、弟Yと一緒に、将来への目標を考える。

⑨ それぞれへの働きかけによって生じる相互作用・交互作用を考える。

⑩ 7年後のために、各段階で、誰・どの機関が、誰に・どこに、どのタイミングで、どのように働きかけるのかの計画を立てる。

⑪ シミュレーション等で支援のデザインを関係者のなかで確認する。

図3　支援のデザイン【7か年計画】
(主体者はそれぞれ当事者であり、実際の目標は当事者と共に決定していくのが望ましい)

	短期目標：9月末	中期目標-1（1月末）	中期目標-2 1年後（X子が中学2年生）	中期目標-3 2年後（X子が中学3年生）	中期目標-4 3年後（X子が高校1年生）	長期目標 7年後（X子が20歳になったとき）
X子	夏休みに補習に参加する。中学校の部活動に参加する。教師と信頼関係ができる。他の子どもたちと交流する。2学期から登校が再開する。	登校が順調になっている。部活動にも参加している。	母親や教師、地域の人々に相談しながら、将来の職業や進路について考えている。学校生活も充実し、部活動にも参加している。	希望する高校進学のために学習に励んでいる。部活動の最後の大会に向けて部員と力を合わせている。地域の寺子屋での学習支援に参加している	希望した高校に進学し、将来への夢の実現のために勉強している。家事を助けながら自分の小遣いや貯金のためにときおりバイトをしている。	希望する進路に進んでいる（正規就労、または専門学校や大学に進学）。
弟Y	夏休みに小学校で補習や宿題をする。2学期から登校が順調になる。通級指導教室で学習できるようになる。発達検査の実施が予定される。	通級指導教室を利用しながら「わかる」喜びを実感している。	小学2年生。特別支援学級に在籍し、他の子どもたちと交流しながら、生活力や学力をつけている。放課後等デイサービスやガイドヘルパー等の活用で、様々な人々との交流がある。	小学3年生。特別支援学級に在籍し、他の子どもたちと交流しながら、生活力や学力をつけている。放課後等デイサービスやガイドヘルパー等の活用で、様々な人々との交流がある。	自分に適した教育環境で生活力や学力をつけている。一人で登下校ができるようになっている。	中学校の特別支援学級または、特別支援学校中等部に在籍して適切な教育と必要な福祉サービスをうけている。
母Cさん	小学校と信頼関係を作る。就学援助を申請する。弟Yに適した教育と将来について学校と相談する⇒発達検査の予約をする　障害福祉や母子福祉等の相談機関とつながり、様々な支援制度の活用を考え始める。今より早く帰宅できる仕事を探し始める。	X子と弟Y、母Cさんの7年後の生活を教師と一緒に考える。場合によっては、弟Yのガイドヘルパーや放課後デイサービスの利用も考えている。	経済的支援制度や母子家庭の支援制度を活用しながら、子育てに無理のない就労に切り替えている。	X子の進路について本人はもちろん学校とも十分に相談し、本人の希望がかなうように応援している。地域の寺子屋にX子を通わせている。ときおり子ども食堂にも子どもたちと一緒に行く。	X子を高校に進学させ、自分の将来の仕事のために就労支援制度を利用している。	様々な支援制度を活用して安定した就労と子育てをおこなっている。
中学校	X子たちについて、小中連携のケース会議を継続する。校内でX子についての対応策を共通理解する。X子と学校とのつながりを再構築する。母CさんやX子と信頼関係ができる。「子ども食堂」と「寺子屋」の役割について小学校の管理職やスクールソーシャルワーカーと相談する。	アセスメントに基づくチーム支援体制が構築される			
小学校	X子たちについて、小中連携のケース会議を継続する。母Cさんとの信頼関係ができる。弟Yの特				

小学校	別なニーズについて母Cさんと共通理解を図り福祉事務所につなぐ。弟Yへの個別指導を行う。「子ども食堂」と「寺子屋」の役割について中学校の管理職やスクールソーシャルワーカーと相談する。				
地域	学校や地域住民、社会福祉協議会等で「子ども食堂」と「寺子屋」の設置について話し合う。	地域に「寺子屋」「子ども食堂」の設置する運営協議会が発足する。	中学校区に、「子ども食堂」が一箇所以上、小学校区に「寺子屋」が一箇所以上できる。「子ども食堂」には、PTAや「おやじの会」のメンバー、その他地域住民が運営に参画する。「寺子屋」には地域の大人に加えて、地域の高校生や大学生が参画する。中学生が小学生に教えるなどの交流もある。		

支援のデザイン【手立て、例】

中学校	スクールソーシャルワーカーが、X子の家庭が利用できる支援制度やサービスを一覧にして教育相談主任に渡す。担任と教育相談主任がX子と母Cさんに1年部の教員が計画した夏休み学習会への参加を呼びかける。そのために弟Yの学童保育の利用について確認する。2年部所属のバレー部顧問が、補習に参加したX子と部活動への参加の再開について話し合う中でX子の思いを聞く。PTAに地域の「寺子屋」「子ども食堂」の設置について相談をかける。				
小学校	女性教頭が、母親の思いを受け止め、頑張りを認める。子育てを気遣い、子どもの教育のために就学援助制度の利用を勧める。担任が夏休みの弟Yの個別指導を申し出る。その日は迎えにきたX子と一緒に校内で昼食を摂ることを提案する。特別支援教育コーディネーターは、弟Yの可能性と特別なニーズについて母親と共通理解を図り、専門機関での相談をすすめる。PTAに地域の「寺子屋」「子ども食堂」の設置について相談をかける。				
地域	小学校、中学校と協力して、社会福祉協議会や民生委員・児童委員協議会、保護司会などに地域の「寺子屋」「子ども食堂」の設置について相談する。	小学校、中学校と協力して、地域に「寺子屋」「子ども食堂」の設置する運営協議会の設立を働きかける。	「子ども食堂」には、PTAや「おやじの会」のメンバー、その他地域住民が運営に参画する。「寺子屋」には地域の大人に加えて、地域の高校生や大学生が参画する。中学生が小学生に教えるなどの交流もある。		

⑺ 「支援のデザイン」とスクールソーシャルワーカーの姿勢

　X子への支援のデザインは、図1（アセスメント・見立て）をふまえて図2を描き、図2を想定しながら図3（7か年計画）を作成していきます。学校が基盤（学校プラットフォーム）となって、必要に応じて地域社会と連携しながら、今そして未来に向けて子どもと家庭への支援デザインを描こうとすることは、自ずと校内外でのチーム対応の促進につながります。なぜなら、チーム学校が実現しないまま、子どもたちの将来を支える学校プラットフォームが実現することはあり得ないからです。

　スクールソーシャルワーカーは、このように「支援デザイン」を描くことの必要性、それを子どもや家庭、学校、地域等当事者が主体的に取り組むこと、そのなかでプラスの相互作用が発生し、支え合いのつながりができること、そこで得る力が当事者自身の力と自信になっていくことを強く意識しなくてはなりません。するとスクールソーシャルワーカーは自ずと「黒衣」でいるスタンス（姿勢）をとるのではないでしょうか。

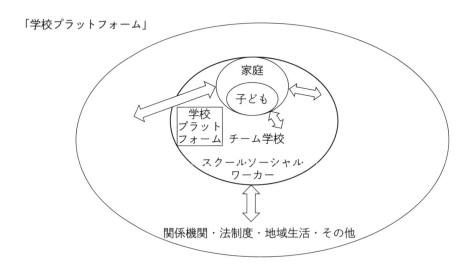

　このように支援のデザインを描いていくと、さらなる疑問がわいてきます。

　「児童虐待」は社会問題ですが、教育活動においても最難関の課題であることは明らかです。子どもが「健やかに育つ」という点においては、「経済的困窮」以上の困難を将来にわたって子どもに与える可能性もあるにもかかわらず、児童虐待対応への教職員研修はなぜ悉皆にならないのでしょうか。職員室に目を向けると、教育行政側から求められる書類報告作成のために教材研究を後回しにせざるを得ず、子どもや同僚と関わるよりパソコンと向き合う時間が多い教師の現状を目にすることがあります。この現状はどう克服すればいいのでしょうか。地域環境に目を向けると、子どもたちが自由に遊ぶことができる公

園や広場が少ないことに気づきます。これも貧困問題の一端ではないのでしょうか。「塾」が進路保障のために不可欠なものと当然視されていること、つまり進路保障のためには学校の勉強では不十分なこと自体は問題ではないのでしょうか。「その能力に応じて、ひとしく教育を受ける権利」(憲法第26条)をふまえると、高等学校に特別支援学級が定着していないことは、障がいのある子どもの教育権・学習権や進路保障の課題ではないのでしょうか。高校生が就学援助制度の対象から外れることは、「教育を受ける権利」の保障と同時に、自分らしい自立のために、子どもたちに高校卒業以上をめざすことを支援しようという方向性と矛盾しているのではないでしょうか。ひとり親はもちろん誰もが働きながら安心して子育てができる環境と雇用環境の整備は追いついていくのでしょうか。そもそも市民が社会生活をしていくための法制度やサービスは、誰もがわかりやすく誰もが使いやすくするべきではないでしょうか。

　予防や早期発見といった学校や地域の自治体の取り組みだからこそできることがある一方で、憲法をはじめ各法における解釈や法制度の整備、税制、社会保障、雇用の問題といった国家レベルでなければできないこともあります。本当の貧しさとはなにか。本当の豊かさとは何か。「子どもの貧困問題」への支援のデザインは、多くのことを考えさせてくれます。

[引用文献]
佐々木千里「教師の同僚性や子ども・保護者の教育参加を活かす」鈴木庸裕編著『スクールソーシャルワーカーの学校理解』(2015) ミネルヴァ書房

[参考文献]
『子どもが笑顔になるスクールソーシャルワーク』鈴木庸裕・佐々木千里・高良麻子編 (2014) かもがわ出版
『貧困と学力』岩川直樹・伊田広行編著 (2007) 明石書店
『子どもの貧困/不利/困難を考える』埋橋孝文・矢野裕俊編著 (2015) ミネルヴァ書房
『子どもの貧困と社会的排除』テス・リッジ著、中村好孝・松田洋介訳、渡辺雅男監訳 (2010) 桜井書店
『生活保護世帯の子どものライフストーリー　貧困の世代的再生産』林明子 (2016) 勁草書房
『子どものリスクとレジリエンス』マーク・フレイザー編著、門永朋子他訳 (2009) ミネルヴァ書房
『親のメンタルヘルス』青木紀久代 (2009) ぎょうせい
『イギリスに学ぶ子どもの貧困解決』「なくそう!子どもの貧困」全国ネットワーク編 (2011) かもがわ出版
『女性と子どもの貧困』樋田敦子著 (2015) 大和書房
『貧困と世代間警鐘』道中隆 (2015) 晃洋書房
『現代社会と子どもの貧困』原伸子・岩田美香・宮島喬編 (2015) 大月書店

第5章

非行の背景に見える「子どもの貧困」

こんな子どもはいないでしょうか。

暴言暴力、授業妨害等をする子どもで、行動の修正を図るために家庭と連携する必要があるものの、保護者が「無関心」でうまく連携することができず、行動がエスカレートしていくという子どもや、怠学傾向にあり将来のために明らかに必要な我慢や努力をせず、授業エスケープ等を繰り返す子ども……。

一見、それは子どもや保護者の意思や性格の問題であるように思えるかもしれません。しかし、実はその背景に「貧困」が根深い問題として存在している可能性があります。この章では、貧困によって奪われる「つながり」と非行リスクの関係から、非行の背景に見える「子どもの貧困」について考えたいと思います。

すべての非行の背景に貧困があるわけではありません。しかし、子ども支援に関わるなかで、その関連性を感じる場面は少なくないのではないでしょうか。貧困と非行のかかわりを考えるとき、家庭が困窮状態にあり、あまりの空腹によって万引きをするなど、問題行動の原因と直結していれば、わかりやすく理解できるかもしれません。けれども、貧困が及ぼす影響は、それほど単純なものではありません。

そこで、具体的な事例を通して、私たちに求められる視点と、活用できる法制度等について整理するとともに、あらためて貧困が子どもと家庭に与える影響について考えます。なお、ここでは「非行」という言葉を用いますが、授業妨害や授業エスケープ、暴力行為、いじめ、長期欠席など「問題」とされるさまざまな行動を含めます。ただし「非行少年」と記述する場合は、少年法上の犯罪少年、触法少年、虞犯少年を指すものとします。

1 【事例A】学校に来なくなったAさん

次の事例のような子どもがいたとき、あなたはどこに着目し、どのように対応しますか?

> **【事例A】Aさん・中学2年生（14歳）男／2017年8月1日現在**
>
> 　2017年7月末に、❶警察から学校に連絡があり、Aが❷他校の生徒と一緒に❸自転車を盗ったことが発覚した。今年5月には❹万引きでも通報されている（近隣のコンビニで万引きが見つかり、❺常習だということで通報されるに至った）。
>
> 　Aは、今年度に入ってから、❻ほとんど学校に来ておらず、連絡もとれない。
>
> 　Aは、❼かもがわ中学校2年生（14歳）の男子である。同居している家族は、❽父（43歳）と❾弟（かもがわ小学校6年生・12歳）と❿妹（かもがわ保育園年長・6歳）の4人家族である。父母は、⓫昨年秋頃に離婚し、⓬母（42歳）は他県に住んでいる。
>
> 　⓭昨年12月頃から欠席や遅刻が明らかに増え、今年度の5月、大型連休以降は全欠状態だった。⓮学力にはかなり課題があり、全体的に厳しいが、⓯とくに数学についてはまったくできていない。部活は、⓰野球部に入っていたが、⓱昨年の11月頃から欠席している。

(1) 校内ケース会議の開催

① 教員による事前準備

　Aについて、かもがわ中学校で校内ケース会議を開催することになりました。参加者は、担任（数学科／昨年度から持ち上がり）、校長、教頭、教務主任、養護教諭、学年主任（国語科）、生徒指導主任（野球部顧問）、スクールソーシャルワーカーです。教員による事前準備として、

○教務主任は、学校全体の動きを見ながら夏季休暇中の職員研修や部活動等と調整し、ケース会議参加者の調整を行いました。ケース会議の司会を担っているため、事前にスクールソーシャルワーカーと打ち合わせを行い、本ケースに関して会議内で必ずおさえる必要のあるポイントを整理するともに、会議に必要な資料を各参加者が持参するよう依頼しました。

○担任は、「アセスメントシート^(*)」を作成しました。追加資料として、Aの提出物等を用意しました。

○校長は、Aの弟が通学している「かもがわ小学校」校長に連絡をし、弟や保護者についての情報を収集しました。

○教頭は、警察からの連絡を記録していた資料を整理するとともに、「中学校生徒指導要録」（様式1）（様式2）と「小学校児童指導要録」（様式1）（様式2）のコピーを用意し

ました。

○養護教諭は、入学以降の身体測定と歯科検診、眼科検診等の結果を用意しました。保健室の来室記録についてもＡをピックアップし整理しました。

○学年主任（国語科）は、国語に関する提出物やテスト結果を見直すとともに、これまでのＡの様子等について学年会議記録を整理しました。

○生徒指導主任（野球部顧問）は、これまでの生徒指導委員会の記録と野球部の部活動記録を用意しました。

　以上の事前準備については、１回目のケース会議において次回必要な情報（資料）として確認し、２回目以降に持ち寄ることも考えられますが、緊急を要する場合や明らかに必要であることが推測される資料については、１回目から持ち寄ることでケース会議を効率的に進めることができます。

※佐々木千里「【中学校】アセスメントシート（初回）」鈴木庸裕ら編『子どもが笑顔になるスクールソーシャルワーク』かもがわ出版、2014年、106〜107頁より。

② スクールソーシャルワーカーによる事前準備

　年度初めや夏季研修の時期など、これまでも機会があるごとに研修を設定してもらい、ケース会議の目的および構造や、他機関と連携することの意義などについて確認をしました（図１・２）。なお、教育と福祉の連携については、法的な枠組みを意識することの重要性について強調し、連携するにあたっては、枠組みを超える仕組みを活用する必要があることを説明しました。

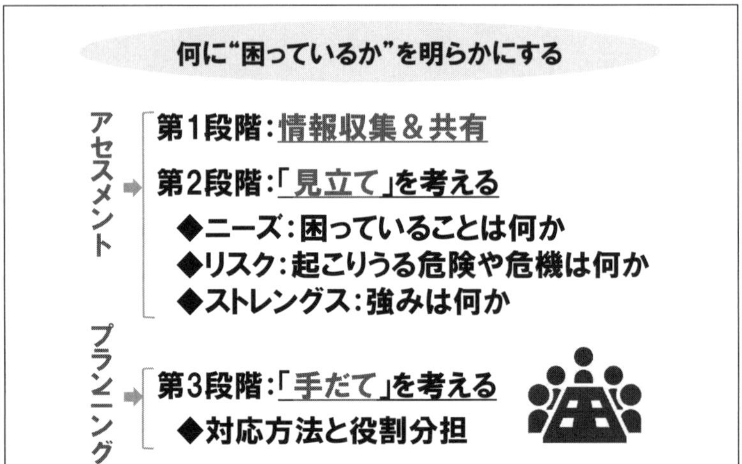

何に"困っているか"を明らかにする

アセスメント
第1段階：情報収集＆共有
第2段階：「見立て」を考える
　◆ニーズ：困っていることは何か
　◆リスク：起こりうる危険や危機は何か
　◆ストレングス：強みは何か

プランニング
第3段階：「手だて」を考える
　◆対応方法と役割分担

図1　ケース会議の目的と３段階

（筆者作成2016）

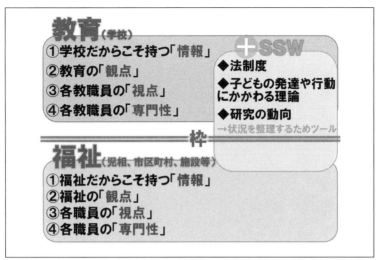

図2　より精度の高い「見立て」を可能とする連携

(筆者作成2016)

　Aのケース会議を開催するにあたって、ミクロ（個別の課題と対応など）、メゾ（クラスや家庭の課題と対応など）、マクロ（学校組織としての課題と対応、地域社会の課題と対応など）の視点から、本ケースで検討すべき課題について、ケース会議の司会者である教務主任と打ち合わせをしました。

　なお、スクールソーシャルワーカーとして、現時点で「気になること」（❶-⓱）は次の通りです。

❶警察から学校に連絡：連絡の内容（報告or問い合わせ）、「学校警察連絡制度」を利用した情報共有なのか、連絡についての本人や保護者同意の有無など

❷他校の生徒と一緒：共犯は個人か集団か、Aは主従どちらかなど、当該生徒（集団）との関係を学校は把握しているかなど

❸自転車を盗った：初発型非行である、自転車に鍵はかかっていたのか、初めてか常習か、窃盗か遺失物等横領か、組織的な窃盗かなど

❹万引き：初発型非行である、何をとったのか（食べ物かその他か）、集団か単独か、集団の場合の主従関係など

❺常習：何によって判断されたか、最初は何歳の頃か（初発年齢が低ければ被虐待の可能性を考慮する必要がある）など

❻ほとんど学校に来ていない（5月大型連休以降は全欠状態）、連絡もとれない：欠席時の学校の対応方法（安否確認状況）、それに対する家庭の対応、全欠状態になる前の出席状況、連休前（4月末）の様子、長欠で連絡がとれないリスクを再確認する必要性など

❼かもがわ中学校2年生（14歳）：刑事責任が問われる年齢に達している、発達段階は思

春期（非行の好発期、アイデンティティの形成が課題）であるなど

❽父（43歳）：父が19歳の時にAが誕生している、仕事の有無、経済状況（就学援助の利用状況、未納状況等）、在宅状況、Aとの関係性、会話等からうかがえる父自身の特性など

❾弟（かもがわ小学校6年生・12歳）：登校状況、様子、課題、その他の情報が小学校にある、来年度中学校進学予定、Aとの関係性など

❿妹（かもがわ保育園年中・6歳）：登園状況、様子、課題、その他の情報が保育園にある、来年度小学校進学予定、Aとの関係性など

⓫昨年秋頃に離婚：親権者、離婚原因（DV、虐待の有無）、離婚手続き中の家庭内の様子、子どもにとっては喪失体験の1つ、離婚についてのAの理解と思いなど

⓬母は他県：子どもとの関係は維持されているのか、一人暮らしか、子どもへの思い、祖父母との関係、他に子どものきょうだいは居ないか、会話などからうかがえる母自身の特性など

⓭昨年12月頃から欠席や遅刻が明らかに増え：12月頃に何があったか（離婚の影響か）、当時の欠席遅刻理由、昨年度の12月頃の様子、校内外の仲間関係など

⓮学力にはかなり課題：客観的資料にもとづき、どの程度だと判断されるか、授業中の本人の様子（指示の聞き取り、板書、注意集中、他児とのかかわり、コミュニケーション力など）、小学校からの引継ぎ内容、保護者の関心など

⓯とくに数学：テストや提出課題など客観的資料を用いて、科目全体を確認する必要がある（担任が数学を担当しているため、余計に気にかかっている可能性がある）

⓰野球部：様子、思い、仲間関係、顧問との関係、小学校の頃のクラブなど

⓱昨年の11月頃：出来事、欠席し始めてからの対応と本人の様子など

(2) 情報の共有と整理

　校内ケース会議が始まりました。「気になること」として、「自転車盗、万引き、欠席が続いている」ことが挙げられ、「非行」と「不登校」についてアセスメントにもとづいたプランニングを検討することを、ケース会議の目的としました。まず担任から、「アセスメントシート」を基本に、これまでの経緯と本人の様子について報告がありました。その後、各自持ち寄った情報を共有しました。また、スクールソーシャルワーカーからも「気になること」等について質問をし、現状で学校が把握している情報を整理しました。その内容が、次のアセスメントシート（図3）に記載されています。

　太字部分は、会議内で新たに共有された情報です。

図3 【事例A】アセスメントシート

記入日（２０１７.８.１）（記入者　斉藤　）

2年　1組　　　　A　　　　　　　⊕・女	ケース会議参加者（2017.8.3）担任、校長、教頭、教務主任、
Ｈ15年　4月　10日生　14歳　　｜担任　斉藤	養護教諭、学年主任、生徒指導主任、SSWr

気になること：　**自転車盗、万引き、欠席が続いている**

＜アセスメント（情報収集）＞

過年度の出欠（特記事項）：これまでの出欠の特徴

		4月	5月	6月	7月	8月	9月	10月	11月	12月	1月	2月	3月	合　計
H28	遅刻	1	2	1	3	1	3	15	16	8	6	11	3	70
H28	欠席	0	2	2	1	2	3	2	3	8	10	9	10	52
H29	遅刻	10												10
H29	欠席	3	18	22	14									57

家族関係図

備考：＊生保、就援、関係機関等

・かもがわ署
・学警連

塾・校外クラブ
・なし

（家族関係図）
父（43歳）　―　母（42歳）　---　？
中学校2年生（14歳）　弟 小学校6年生（12歳）　妹 保育園年長（6歳）　妹（0歳10カ月）
※男性の存在は弟の話による

本人の状況

生育歴：父母は、Aを妊娠したことをきっかけに結婚。Aが小学校2年生の時に、かもがわ学区にある公営住宅に転居してきた。

保・幼、小学校時の状況：（かもがわ小学校教頭情報）Aが小学校6年生時の担任の話では、登校状況に問題はなかった。ただし、当時も学力が厳しい状態であり、授業中の立ち歩きがあった。4年生頃から完全についてこれていなかった。仲間関係でなんとか登校が継続している状態だった。学力に関して、父母の関心が低く、読み書き計算ができれば良いという考えで、家庭学習が全くできていなかった。何度も母に話したものの、改善することはなかった。

現状：昨年12月頃から欠席や遅刻が明らかに増え、今年度5月GW以降は全欠状態である。7月末に警察から学校に連絡があり、他校の生徒と自転車盗をし、警察に捕まった。学校は把握していなかったが、これが初めてではないらしい。かもがわ署によると、これまで数回の事情聴取を受けている。家庭裁判所に事件として送致されることになり、その後の処分が判断される。自宅にいるが、連絡がとれず夏休みをどのように過ごしているかは不明。入学してから、一切家庭の話はしない。

家庭状況

住居環境・状況：公営住宅で、父、本人、弟、妹の4人で生活している。玄関前も物が入れられた段ボールが複数置かれており、入り口には靴が散乱している。屋内を見た様子では、足の踏み場もない状態であった（今年5月家庭訪問時）。

父の状況・意向：43歳。仕事を短期間で複数回変わられている（派遣労働か？）。現在は、仕事をされているか分からない。父母は、昨年秋に離婚している。Aが登校せず、朝9時頃に自宅に電話を掛けると父が出る時があった。父は、4月頃は比較的丁寧に対応される印象だったが、最近は電話に誰も出ず、連絡がつかない。放課後に家庭訪問をすると、17時くらいにも関わらず、父親がかなり酔っ払い乱暴に対応される時が何度もあった。（かもがわ小学校教頭情報）弟が言うには父は「ずっと家で寝ている」様子。年末に「けがをした」らしい。兄が小学校に在学しているころから、職を転々としていた。母が当時の担任に話していた内容によると、「酒ばかり飲み、働きもせず、パチンコばかりしている」とのことだった。

母の状況・意向：42歳。母は、パートと内職を掛け持ちしていた。昨年、夏ころに家を出て、他県に住んでいる。秋には離婚が成立した。（かもがわ小学校教頭情報）昨年、弟の担任は、母が父から殴られている話を聞き、DV相談をすすめるなどしていた。母によると弟は父から暴力を振るわれていないということだったが、現在も傷あざの確認等を注意深くしているとのこと。また、弟が担任に、「おじさん」の話をしており、どうも母は他県で男性と同居しているようである。

きょうだい：弟（かもがわ小学校6年生・12歳）と妹（かもがわ保育園年長・6歳）がいる。今年5月の家庭訪問時には、Aが2人の面倒をよく見てくれて助かると母が担任に話していた。（かもがわ小学校教頭情報）弟は兄のことが大好きなようで、兄に作ってもらったご飯の話をよく担任にしていた。ただ、最近兄は家に居ないことが多いようである。また、弟の話によると、昨年9月末頃に新しく妹が誕生したとのことである。母が夏休み明けに来校した際にはお腹が大きかった。弟は妹の誕生をとても喜んでいたが、翌10月にはその妹のみを連れて母親が家を出てしまった。その頃は、弟も他児とトラブルを起こすなど相当荒れていた。

その他の関係者：祖父母の話は全く聞いていない

<table>
<tr><td rowspan="3">学校生活</td><td colspan="2">

本人の印象：明るく、周りに他児が寄ってくる印象である。笑顔が人懐っこい生徒である。登校していた際には、校内で問題を起こすようなことはなかった。小柄で、痩せている。

気になる様子：昨年 10 月頃、左頬上部を腫らして登校した。どうしたのか何度尋ねても理由は言わず、笑ってごまかしていた。父から殴られたのか、他児からなのか分からない。このころから遅刻が目立ち始め、12 月から明らかに欠席が増えた。夜に近隣のコンビニ前に、A が高校生くらいの子どもと複数でたむろしている姿が他児に目撃されている。
（養護教諭情報）左頬上部を腫らして登校した日に保健室に来た。けがの理由を尋ねても言わなかった。けがの状態から、右利きの者に殴られた可能性が高いと思われる。疲れている様子だったため、ベッドで少し休むようにすすめると、素直に応じた。相当疲れていたのか、2 時間ほど全く起きることなく熟睡していた。起きた時に、温かいお茶を一緒に飲んでいると、「なんか疲れてしまった」と一瞬泣きそうな様子を見せた。何か悩みがあるのか聞こうとしたが、それには応じず、4 時間目のチャイムが鳴ったので、「給食食べてくるわ」とわざと明るく言って、教室に戻っていった。

</td></tr>
<tr><td colspan="2">

これまでの指導・支援の経過：昨年 11 月以降、次のように登校支援を行ってきた

◆10−11 月：遅刻が増えたことについて、本人に理由を聞くと「起きられない」とのことだったため、早く寝るように指導した。上記の事件も気になったため、休み時間等に声をかけ、何度か 2 人で話す時間を設けた
（生指主任／野球部顧問情報）野球のセンスがあり、リーダーシップを発揮していた。11 月初めに、野球部で他児とトラブルになった。その後、部活を欠席しがちになり、11 月末から全く来ていない。以前は、他児ともめる様子は全く見られなかったが、10 月頃より若干印象が変わったように思う。イライラしている様子である。部活に来るように、休み時間に何度か話したが、話をはぐらかしごまかす様子だった。何か悩みがあるのか聞いても、「大丈夫です」と答えるばかりだった。
◆12 月：登校しない日には、朝 9 時頃に自宅に電話をかけた（担任か養教）。父親が電話に出て「行かせます」と言われても、結局欠席することが多かった。
◆1−3 月：朝電話をかけても誰も出ず、放課後に家庭訪問をしても誰も出てこないことが多かった（中に子どもはいる様子）。
◆4 月：新学年が始まる前に、家庭訪問に行き、やっと A に会えた時に、学校に来てほしいこと、みんな待っていることを話した。遅刻しながらも 10 日間登校できた。本人もなんとか生活を立て直したい様子がうかがえた。
◆5 月〜：全欠。連絡も取れない。家庭訪問をしても誰も出てこない。

</td></tr>
<tr><td>友人：野球部で仲が良かった。</td><td>部活：野球部　　　　　　　　　　進路希望：不明</td></tr>
<tr><td rowspan="8">本人に関する情報</td><td colspan="2">

基本的生活習慣（衣食住）：食事は、きょうだいの分も含めて A が用意することが多かった様子。給食はよく食べていた。制服は、一度も洗っておらず汚れている。シャツは首元が黄ばんでいた。

</td></tr>
<tr><td colspan="2">

行動の特徴：全体に指示を出した際には、周りを見て動くことが多かったのでテンポが少し遅れることがあったが、周りがフォローしてくれる良いキャラクターがあり、とくに問題はなかった

</td></tr>
<tr><td colspan="2">

学力（読み書き・計算、得意不得意）：数学については、全く理解できていない。社会は好きな様子である。体育は得意。
（学年主任／国語科情報）国語についても、読解ができない。文章も十分書けない（書こうとしない）。
（小学校児童指導要録より）転入前の小学校 1 年生の頃から「C」が目立つ。授業中の態度はある程度、評価されているが、「知識・理解」については、社会を除いて、すべて「C」評価である。基本的な理解力にかなり課題があることが推測される。

</td></tr>
<tr><td colspan="2">

言語コミュニケーション：特に問題ない
（生指主任／野球部顧問情報）本人のキャラクターで見えにくい部分があるが、言葉のやり取りでどこまで理解できているのか疑問に思う場面が何度かあった。他児と同じように説明をしても理解することが難しく、何度も説明することで、ようやく理解できる様子である。わかっているように振舞っていても、実は理解できていない可能性がある

</td></tr>
<tr><td colspan="2">

対人関係：特に問題ない。ただし、校外での交友関係に心配がある

</td></tr>
<tr><td colspan="2">

健康（身体的・精神的）：**（養護教諭情報）**歯科検診・眼科検診結果には気になる点はなし。身体測定については、昨年、体重が夏季休暇中に大幅に減少しており、十分な食事をとっていない可能性がある。

</td></tr>
<tr><td colspan="2">

興味・関心：

</td></tr>
<tr><td colspan="2">

本人の思い・希望：

</td></tr>
</table>

アセスメント（背景にある課題と当事者のストレングス）
・
・
・

プランニング（長期目標）：

プランニング（短期目標）：

プランニング（具体的な手立てと役割分担）

短　期　目　標	誰が　：　誰に	具体的手だて・役割
①		
②		
③		
④		
⑤		

次回ケース会議日程　　　　月　　　日（　　）　　　時より　　　場所：

(3) アセスメント

　Aについての第1回校内ケース会議では、以下のアセスメントを行いました（表1）。

表1　Aと家族に関するアセスメント

	A	父	きょうだい
ニーズ	〈生理〉 ・先天的または後天的に発達に課題がある可能性（学力・理解力・言語力） ⇒発達特性を明らかにする必要 〈心理〉 ・DVを目撃していた可能性がある ・母に関する喪失体験 ・学校での仲間関係の喪失 ・非行集団におけるストレス（使われている可能性） ⇒心理状態に応じた支援が必要 〈社会〉 ・家庭に居場所がない（父から関心を持たれていない） ・学校に居場所がない ・相談できる人がいない ・将来のモデルがいない ・来年度は高校受験がある ⇒居場所の確保、関係の再構築、モデルの獲得、高校進学の動機付けと受験対策が必要	・仕事、子育て、家事など、1人で役割を担うことを求められているが難しい（困っている） ・経済状況が不安定（詳細が不明） ⇒生活困窮者自立支援および、子育てについての相談支援、家事支援が必要	・十分な養育を受けていない（不適切な養育） ⇒安心安全の確保と正確な状況の把握が必要 ⇒妹（保育園）について情報共有できる体制を整備する必要
リスク	・非行集団における被害、加害 ・食事を十分にとっていない可能性 ・犯罪にかかわる可能性 ⇒安心安全の確保が必要 　リスクのある長欠児童生徒としての対応が必要（安否確認必須） ⇒「初発型非行」*に適切な対応が必要	・アルコール依存症の疑い ・健康被害 ⇒専門機関による支援が必要	・食事を十分にとっていない可能性 ・来年度弟もAと類似の課題をもって中学進学する可能性 ⇒児童虐待対応 ⇒進学前から丁寧な小中引継ぎが必要
ストレングス	・愛嬌がある ・きょうだいを大切にしていた ・野球部を頑張っていた ・登校していた（学力に課題があったにもかかわらず） ⇒対人関係を築くベースとなる優しさや魅力を持っている、頑張ろうと思える気持ちを持っている ・本来活用できる、「興味・関心」「本人の思い」を誰も把握していない ⇒活用するために把握する必要	・Aの不登校状態を最初は何とかしようとされていた ⇒気持ちは持たれている。何らかの事情で発揮できていない	〈弟〉 ・登校している ・学校が大好き ・担任が良い関係を築いている ⇒学校での居場所と愛着関係が確保されている。そのため持ち堪えることができている

＊初発型非行：初発型非行とは、万引き、自転車盗、オートバイ盗、占有離脱物横領の4罪種を言います。単純な動機から安易に行われることが多い「遊び型非行」として捉えられますが、繰り返すことによって罪の意識が薄れ、暴力行為、薬物乱用等の本格的な非行の入口ともなるものであると理解されています。そのため、発見した段階で、背景にある本人をとりまく課題を分析し、再非行防止の支援を行うことが、その後非行を発展させないためにも重要になります。

(4) プランニング

アセスメントにもとづいて、必要な支援としては次の内容が考えられました（表2）。

なお、プランニングにあたってスクールソーシャルワーカーから、私たちが理解しておく必要のある法制度などについて説明しました。具体的には、「児童虐待にかかる通告」「要保護児童対策地域協議会」「学校警察連絡協議会」「少年司法制度の流れ」「長期欠席児童生徒の安否確認の重要性」「法務少年支援センター（少年鑑別所）」「生活困窮者自立支援制度」です。詳細については101～105頁で解説しています。

表2　Aに関するプランニング

	短期目標	誰が ： 誰に	具体的手だて・役割
①	安心安全の確保 支援ネットワークの形成	校長：家庭児童相談室 児童相談所	・児童虐待にかかる通告（非行も含め要保護児童として通告） ※きょうだい情報も併せて →要対協に登録されれば、調整機関に、個別ケース検討会議の開催を依頼する
②	状況の把握	校長・教頭：かもがわ署 担任：A、父親	・学警連を活用して、Aについて情報共有をする。 ・家庭裁判所送致された場合は、可能な範囲で本人や保護者から状況について確認する。
③	定期的な安否確認	校長：教育委員会	・リスクのある長欠児童生徒として、Aについて報告、相談をする。
		担任と校長：父親	・定期的に安否確認をしたいこと、できなければ教育委員会に報告する必要があることを説明する。
		担任：A	・本人と会えたら、すぐに登校を再開できなくても、心配だから担任か他の教員とは会ってほしいことを伝え、方法について相談をする。
④	信頼関係の再構築	担任中心：A	・定期的に会って話す中で、信頼関係を再構築し、本人の思いや、興味・関心を知る。
⑤	喪失体験による心理的影響の把握と支援	担任・スクールカウンセラー：A	・担任が本人と話す中で、しんどさが見えてきたら、担任からAにスクールカウンセラーについて説明し、つなぐ（保護者の同意をとる）。
⑥	適切な学習指導の実施	担任・校長：父親	・担任と校長から父親に、Aの課題と、心理発達検査によって得意なこと苦手なことなどの発達特性を明らかにすることの意義を説明する。
		父親・校長：関係機関	・教育関係や福祉関係、医療関係の施設に心理発達検査を申し込む。（法務少年支援センターも選択肢の1つ）
		教員：A	・明らかにされた本人の発達特性に応じた適切な学習指導を実施する（検査結果が出た際にケース会議を開催する）。
⑦	打ち込める場面の確保	野球部顧問：A、部員	・トラブルについて再度内容を確認し、関係修復を図る。少しずつでもAが部活に戻る可能性を探る。

			※トラブル内容を分析することにより、コミュニケーションに課題があれば社会的スキルトレーニングを行うことも視野に入れておく
⑧	自己肯定感を高める	担任：A	・登校を再開できれば、体育祭などの行事を活用して、活躍できる場面を設定する。教室のなかでも、役割を確保する。
⑨	高校進学の動機づけと受験対策	担任：A	・長期計画として、高校進学の動機づけを行う。また、受験対策として、生活困窮者自立支援制度の「子どもの学習支援」を利用することも1つである。 ※兄が高校進学・卒業することは、きょうだいの重要なモデルとなる
⑩	家庭の経済基盤の安定化	教頭：父親	・生活困窮者自立支援制度の相談窓口を紹介する（心理的抵抗がある可能性があるため、「生活の様々な相談に乗ってくれる窓口がある」と紹介する）
⑪	子育ての相談支援、家事支援、医療的支援	教頭：父親	・家庭児童相談室につなげる。
⑫	今年度の体制づくりと、来年度に向けた弟の中学進学の体制づくり	校長：小学校長	・小中連携ケース会議の依頼をする。

　Aに関するプランニングのポイントは、第1に「児童虐待」へのアプローチです。Aはネグレクトや心理的虐待（DVの目撃）の被害を受けており、加えて身体的虐待を受けている可能性があります。そのため、通告することによって子ども家庭の支援ネットワークを形成し、関係機関と共に支えていく必要があります。第2に、「学校不適応」へのアプローチが求められます。理解力等のもともとの力に弱さがあることが推測されながらも、これまで発達特性に応じた学習指導が十分に行われておらず、学力の定着に困難が生じていたこと。そのため何とか仲間関係だけで学校生活を持ち堪えていたにもかかわらず、トラブルからそれを失ったことで不適応状態に陥ったと考えられます。そのため、発達特性に応じた学習指導を行い、言語コミュニケーション力の獲得など社会性への支援を行うことが求められます。

　なお、「プランニング」については優先順位をつけて実施し、その結果を観察することなどを通してさらに情報収集を行い、効果を分析します（再アセスメント）。それにもとづいて、当初の「見立て」や「手だて」を修正することになります。そのため、定期的にケース会議を設定することが有効です。また、具体的な手立ては、学校内の体制や地域の社会資源（活用できるサービス等）の状況等によって異なります。環境の分析や社会資源の把握については、それを専門とするスクールソーシャルワーカーとの連携が有効です。

　以上のように、【事例A】について、校内でアセスメントとプランニングを行いました。次に、その背景にある考え方や根拠について整理したいと思います。

2 「子どもの貧困」が及ぼす影響

　Aについて、本人をとりまく「生理」「心理」「社会」の課題を背景に、維持されるべき「つながり」が弱まり、非行に至っていると理解できます。この「つながり」を弱めている１つの要因として貧困の影響が考えられます。

(1) 「媒介」という考え方

　非行の要因についてまとめた星野周弘は、主な家庭的要因の一つとして、「経済的水準が低い」ことを挙げています（星野周弘「第３部第２章　非行の家庭的要因」内閣府『非行原因に関する総合的研究調査（第３回）』1999年）。そして、経済的水準の低さ等について、それ自体が非行化の要因となるわけではなく、それらが子どもへの関心の乏しさ、親への愛着の乏しさ、家庭における情緒的不安定などをもたらすことを通じて、子どもの非行化が引き起こされると述べています。

　このような貧困の影響について、少年非行における貧困概念の再検討を行った井垣章二は、複数の非行研究を用いて「貧困は放任（neglect）を媒介変数として非行に連なる」ことを明らかにしました（井垣章二「少年非行における『貧困』概念の再検討について」『人文学』(68)、1963年、39～66頁）。また、犯罪社会学を専門とする津島昌寛は、貧困（独立変数）と犯罪（従属変数）の因果モデルの一つとして、「媒介関係」を示し、貧困が直接的な引き金となるのではなく、貧困にともなって個人が抱え込むストレスや恨みが犯罪行為を引き起こす主因となっていることを示しました（津島昌寛「貧困と犯罪に関する考察—両者の間に因果関係はあるのか？」『犯罪社会学研究』第35号、2010年、8～20頁）。

　そこで、この「媒介」という考えを使いながら、貧困と非行の関連性について考えたいと思います。

① 媒介変数としての「児童虐待」

　『Delinquency and Child Neglect』（非行とネグレクト）を執筆したウィルソン（H.Wilson, 1962）は、貧困による「放任（neglect）すなわち家族が子供の養育に積極的な役割をとらないこと」および「物質の不足にあえぐ不安定な生活に、母親の無関心と愛情の欠如が重なるとき、子供は非行への最大の危機に直面する」と述べています（井垣章二「少年非行における「貧困」概念の再検討について」44頁）。なお、ウィルソンのいう「母親」は、安定的

な愛着対象である養育者という意味であると考えられ、現在では母親に限る必要はないことを共有しておきたいと思います。また、「放任」については、放置など監護を著しく怠ることを指し、虐待の一種である「ネグレクト」であると理解する必要があります。この「放任」について井垣章二（1963）は、「物質的放任」と「精神的放任」が存在するとしています。この分類によって、貧困でなく物質的には満たされているものの、保護者による無視など精神的放任（精神的ネグレクト）が行われている子どもの非行化についても説明することができます。

　貧困とネグレクトに関連性があることは、これまでに複数の研究によって明らかにされています。たとえば、元児童福祉司であり、米国でソーシャルワーク学修士を取得した山野良一は、米国保健福祉省の児童虐待とネグレクトに関する委員会が実施している調査結果から、貧困ライン以下の所得しか得ていない家庭の子どもたちは、所得が平均的所得以上の豊かな家庭の子どもたちに比べ、約25倍もの高さで児童虐待・ネグレクトの危険にさらされており、ネグレクトに限っては45倍もの違いになっていることを紹介しています（山野良一『子どもの最貧国・日本　学力・心身社会に及ぶ諸影響』光文社新書、2008年）。

　この貧困とネグレクトなどの児童虐待の関連が理論化されたものの一つとして、「家族ストレスモデル」があります。家族ストレスモデルとは、コンガーら（Conger, et al, 2007）が完成させたもので、たとえば貧困によってもたらされる親たちの心理的なストレスや抑うつ感が、直接的に、あるいは夫婦間の葛藤を介して、ネグレクトや児童虐待のリスクを孕んだ子育ての方法を生じさせ、それが子どもの発達や行動、学力等に影響をおよぼすことを示したモデルです（『子どもの最貧国・日本　学力・心身社会に及ぶ諸影響』167頁）。

　家庭裁判所調査官研修所によって行われた児童虐待に関連する事例研究によっても、家族の状況の共通点の一つとして「ストレスが多い」ことが指摘されています。ストレス要因として、経済的に困窮していること、家族成員の誰かに身体疾患、精神疾患があること、子どもの数が多いこと、夫婦間や親族間に紛争があることが挙げられています（家庭裁判所調査官研修所『児童虐待が問題となる家庭事件の実証的研究―深刻化のメカニズムを探る』司法協会、2003年）。

　また、栗田克実によると、児童自立支援施設入所児童に関する調査を実施した結果、家族からの暴力と経済状況の関係について、貧困でない群と貧困群を比較すると、より貧困群に暴力があったことが明らかにされています（栗田克実「家庭の経済状況からみる非行少年の生活特性」旭川大学保健福祉学部研究紀要3巻、2011年、1～11頁）。

　では、虐待は子どもにどのような影響を与え、非行に連なる可能性があるのでしょうか。先の家庭裁判所調査官研修所の研究では、事例研究によって虐待はさまざまな影響を子どもに与えることが示されています（表3）。多くの子どもが虐待によって、情緒、心理面

に大きな悪影響を受けた結果、形成される特有な性格の特徴として、ささいなことでも傷つくこと、感情のコントロールが困難なため、かっとなって他人を攻撃してしまうこと、自己イメージの悪さや自信の欠如から自分が周囲に受け入れられないのではないかと不安を抱いていることなどが挙げられています。また、これらの性格特徴は、成長するにつれて行動面に反映され、虐待による子どもの深刻な家庭不適応や生活の乱れなどと関連して、非行への展開にも大きく影響すると分析されています。

表3 虐待が子どもに及ぼした影響

身体への影響	①死亡
	②身体的外傷
	③低身長、低体重、肥満
	④その他（貧血、皮膚病、第二次性徴の遅れ、夜尿など）
知的発達への影響	①言葉の遅れ
	②学習の遅れ
情緒、心理面への影響	①過敏さと傷つきやすさ
	②感情のコントロールの悪さ（感情の抑え込み、感情の爆発）
	③慢性的な欲求不満
	④自己イメージの悪さ
行動への影響	①身辺自立の遅れ（基本的な生活習慣獲得の遅れ）
	②落ち着きのなさ
	③自傷行為
	④食行動の異常
	⑤トラウマによる反応
	⑥粗暴な言動
	⑦非行
対人関係への影響	①虐待に関連する対人関係を避ける傾向
	②適切な距離を保てない傾向
	③赤ちゃんがえり
	④相手の期待を先取りした行動
	⑤大人への不信感、絶望感
	⑥同世代の子どもとの関係を結べない傾向

※家庭裁判所調査官研修所（2003）p1より引用

　また、表3にあるように、知的発達への影響（言葉の遅れ、学習の遅れ）や対人関係への影響（適切な距離が保てない傾向、大人への不信感、絶望感、同世代の子どもと関係を結べない傾向）によって、学習やコミュニケーションにおいて子どもたちは失敗体験を繰り返し、ストレスが生じるとともに自尊感情が低下し、それが行動面へ影響を与える可能性があることも確認しておきたいと思います。

　さらに、虐待による対人関係への影響については、問題解決方法の「学習」という側面からも理解する必要があります。たとえば、身体的虐待を受けた子どもの場合、傷害事件

や器物損壊、恐喝などの非行をする例がしばしばみられることが報告されており、その原因として、親の粗暴で攻撃的な言動に日常的にさらされることで、子どもも親の行動パターンや思考パターンを身に着けてしまい、暴力的、粗暴的になってしまい、とりわけ粗暴的な非行と結びつきやすいことが指摘されています（家庭裁判所調査官研修所『児童虐待が問題となる家庭事件の実証的研究―深刻化のメカニズムを探る』司法協会、2003年、56頁）。

② 媒介変数としての「学校不適応」

　「学校不適応」とは、何らかの要因によって、学校という「環境」に個人の状態が適合（調和）していない状態（適するように行動や意識を変化させることができない状態）だと理解できます。現れる状態像としては、暴力行為や授業妨害などの問題行動や不登校などです。では、具体的に何に「適合」することが困難になっているのでしょうか。

　学校は心身の発達に応じた教育を施すことが目的とされており、学習指導と生徒指導の２本柱で展開されています。学習指導の中心は、教科の枠組みの中で基礎的・基本的な知識や技能を習得させたり、それらを活用して問題を解決できる能力を育んだりする活動であり（滝充「小学校からの生徒指導～『生徒指導提要』を読み進めるために」『国立教育政策研究所紀要』第140集、2011年、4頁）、生徒指導とは、一人一人の児童生徒の人格を尊重し、個性の伸長を図りながら、社会的資質や行動力を高めるように指導、援助するものとされます（文部科学省『生徒指導提要』2009年、1頁）。ゆえに、子どもたちが適合することを求められている「環境」は、主に、「学力」（知識・技能や思考力・判断力・表現力、学習意欲等）と「社会性」（社会的資質や行動力）の獲得を目的に構成されていると理解することができます。つまり、学年（発達段階）に応じて期待される「学力」や「社会性」の獲得に困難が生じた場合、周囲とのズレによってストレスが生じ、「学校不適応」になる可能性が高くなると考えられます。なお、「社会性」とは、社会や集団の構成員として求められる意識や行動からなっていると理解することができます。

　「学校不適応」と非行に関わって、『平成23年版　犯罪白書』によると、非行少年の学校生活に対する意識について、「勉強が分からない」（82.7%）、「学校に行くのがいやだった」（46.4%）、周囲から「悪く思われていた」（45.5%）という結果が見られ、こうした傾向は、特に少年院送致歴のある者で強く見られることが報告されており、非行の程度が重くなるほどに「学校不適応」や校内での対人関係における疎外感が大きいと言えます。

　そこで、貧困が学力や社会性の獲得にどのような影響を与え、「学校不適応」に至る可能性があるのか検討したいと思います。家庭の経済状況が、子どもの学力や行動面に影響を与えるメカニズムとして、先にも示した「家族ストレスモデル」に加え、「家族投資モデル」が明らかにされています。これら２つのモデルについて、ヤン（Yeung, J., 2002）

たちが組み合わせたものを、山野良一によって図式化されたものが図3です。

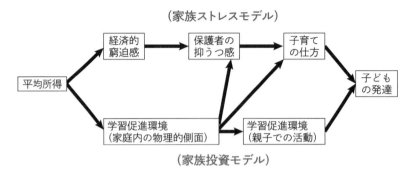

図3　家族投資モデルと家族ストレスモデルのコンビネーション
※1：山野良一（2008）より引用、一部を改変した
※2：矢印は「影響」を示す

　図3のように「家族投資モデル」とは、所得の高い親が子どもに対してより多く投資するため、その子どもの人的資本が所得の低い親の子どもに比べて高くなるとするメカニズムを説明したものであり、それは子どもに知的刺激を与えるさまざまな書籍、教材や玩具、学校外活動や学校外教育、学習に取り組みやすい住環境や近隣環境、健康に良い食事などへの支出を通じ、このメカニズムが機能すると考えられます（卯月由佳・末冨芳「世帯所得と小中学生の学力・学習時間―教育支出と教育費負担感の媒介効果の検討」国立教育政策研究所研究成果報告書、2016年、4頁）。つまり、貧困状態であれば、物理面においても活動面においても学習促進環境への投資が期待できず、それによって学力をはじめ子どもの発達に影響する可能性があると理解されます。これについては、教育に関する公的資金投入が有効であるということの根拠ともなります。

　また、ヤンらは、家庭内の物理的側面の充実は、保護者の抑うつ感を軽減し、子育ての仕方にもプラスの影響を与えるなど、「家族ストレスモデル」に影響を与えることも示しました。すなわち、貧困によって物理的側面が充実されないことで、保護者は抑うつ感を高め、たとえば、児童虐待など子育ての仕方にマイナスの影響を与える可能性があり、それが子どもの発達にも及ぶと考えられます。山野（2008）は、児童虐待の発生ともかかわる保護者の自責の念や抑うつ感、体罰的な関わりを軽減するために、子育ての前提となる家庭内の物理的な環境を考慮する必要を述べています。

　ただし、世帯として十分な所得があるにもかかわらず、子どもは貧困状態にあるなど子育てへの投資がなされないケースもあれば、世帯として貧困状態にありながらも子どもの教育に可能な限り投資をしているケースがあることも確認しておきたいと思います。そのことから考えると、図3において、「平均所得」と「学習促進環境（家庭内の物理的側面）」のあいだに、「子どもの教育への保護者の関心・意識」が見えない要素として含まれる可

能性があると考えられます。

　山野（2008）によると、ヤンらは全国規模の追跡調査を使って、子どもたちの知的な発達を考える時は家族投資モデルがあてはまりやすく、子どもたちの「行動面での問題性」（泣いてばかりいる、いじめ、反抗的など）を考える時には家族ストレスモデルが当てはまりやすいことを確認しています。

　この「行動面での問題性」は「社会性」の発達の困難を表していると理解できます。これに関わって、法務総合研究所が、虐待経験を有した人を対象に聞き取り調査を行っています（法務総合研究所「第2部聞き取り調査　第4－3学校不適応」『研究部報告22　児童虐待に関する研究（第3報告）』2003年）。その結果、親のことを中傷されたり、自身の言動についてからかわれたりするなど他児と良好な関係を保てず孤立し、学校から抜け出すことを繰り返していたとする者や、家族関係のストレスに加えて受験のプレッシャーもあって精神的に参ってしまい不登校になってしまったとする者、家族のことで思い詰め、自殺までも考えた際、短期間ではあったものの学校を休んだとする者がいたということで、虐待によって社会化が遅れたり、虐待されたことによる不安定な気持ちや鬱屈した感情を学校生活で発散させてしまったりする結果、安定した学校生活が送れず学校不適応になったと分析しています。

　さらに、貧困がもたらす「社会性」への影響とかかわって、井垣（1963）は、貧困は手段の慢性的不足状態に対応する生活適応のスキルとして固有の価値体系を発展させ、それが育児によって文化として伝達されることを指摘しています。この価値体系の特徴について、第1に「職業の見通しとの関連における計画性、合理性に乏しく、将来の達成のための、現在の欲望の制限と努力とを重視せず、現在こそをもっとも有力な行動の指針とする。そして、準備によってでなく、ただちに生活向上をもたらす幸運に一そうの望みをかける」。第2に「資力保持と独立独行を尊びほかにたよらない個人的責任を強調せず、困難においては、『困ったときはお互いさま』意識による安易な援助交換を行う相互扶助を強調する」。第3に「礼儀・作法、その他対人関係の技術」について強調は全く行われない。第4に「攻撃の表現は直接的で、暴力、喧嘩等が問題処理の有効な方法として認められ、体力、男らしさ、タフであることなどが人間の重要な資質として尊ばれる」。第5に「くすんだ日常生活から解き放つエキサイト面との強調」がなされることを挙げています（コーヘン（A.K.Cohen, 1955）が示したものを中心に、井垣（1963）によってまとめられたもの）。そして、これらの特徴をもつ価値体系が法の侵害を含む傾向があり、非行に連なる可能性があると理解されます。

　これらを教室での子どもに置き換えてみると、たとえば学習について、将来のために見通しをもって、明らかに必要な努力や我慢をすることができず、困ったときには自力で解

決しようとせず依存的に誰かに頼り、「礼儀知らず」の印象で、コミュニケーションもうまくとれず、暴力などの「力」に固執し、目の前の快楽的な刺激を重視する、などという姿になります。明らかに「学力」にも「社会性」にも困難が生じ、学校不適応になることがイメージされます。

私たちは、このような子どもと出会ったときに、個人の特性として、自ら社会との「つながり」を分断しているように思え、どうしようもないと感じるかもしれません。しかし、コーヘンらが示す通り、個人や家庭レベルに落とし込める問題ではなく、形成された価値体系が文化の1つとして継承されている可能性があることを認識する必要があります。井垣（1963）は、貧困にかかわる社会そのものを非行的な存在として考えてしまうことには問題があることを確認したうえで、この価値体系について、「貧困によって作り上げられるとともに、人々の意識や行動を規定する限りで貧困を持続させるはたらきをする」とし、「貧困社会の改良のためには、生活の一面でなく全面を、経済的援助のみではなくそれを超えたサービスを不可欠とする」と指摘しています。この「それを超えたサービス」のなかに、教育による「再学習」も含まれると考えられます。

以上のように、貧困は、「児童虐待」や「学校不適応」を媒介として非行に連なる可能性があります。これらの媒介変数は、子どもの家庭や学校との「つながり」を剥奪するものであり、それによって非行リスクが高まると考えられます。

(2) 「ソーシャル・ボンド」という考え方

「つながり」が奪われることによる非行や犯罪のリスクについて示した犯罪学理論として、ハーシ（T.Hirschi, 1969）の「社会的絆理論」（ソーシャル・ボンド理論）があります。これまで多くの研究者が引用するなど、犯罪・非行研究に多大な影響を与えています。著者自身もスクールソーシャルワーク実践の際に多用する理論です。非行にかかわる子どもについては、ソーシャル・ボンドを修復・強化するための支援を、そしてリスクを背負いながらもなんとか持ち堪えている子どもについては、ソーシャル・ボンドを維持・強化するための支援を、スクールソーシャルワーカーとして学校現場で先生方とともに検討しています。

※ソーシャルボンドの詳細は99～101頁で解説しています。参考にしてください。なお、表4はソーシャル・ボンドから考えた、Aの状態と必要な支援です。

Aは、家庭でも学校でも安定した良好な関係を形成することができておらず、いわゆる愛着による「心のブレーキ」がない状態であると理解できます（アタッチメント）。また、先に述べたように学習にも困難がありモデルもないため、夢も持ちづらく、努力すること

表4　ソーシャル・ボンドから考えるＡさんの状態と必要な支援

ソーシャル・ボンド	状態	必要な支援
アタッチメント	・家庭でも、学校でも、愛着が形成されていない（裏切りたくないと思える人がいない）。	⇒学校において、信頼関係を再構築する必要がある。それが将来的に「内的枠組み」を形成する土台となる ⇒社会資源を活用しながら、家庭内での愛着を形成・修復する必要がある
コミットメント	・頑張って家庭を支えてきたにもかかわらず母親を失った。 ・勉強を頑張っても理解もできないし、テストで良い点数を取ることができない。 ・努力が何の役に立つのかわからない（モデルがない）。	⇒喪失体験について、心理的支援を行う必要がある ⇒発達特性を明らかにして、適切な学習指導を行う必要がある ⇒「本人の思い」や「興味・関心」を知り、「夢」につなげていく必要がある
インボルブメント	・学校のなかでの役割がない。 ・打ち込めるものがない（野球部に参加していない）。 ・達成感、充実感を得る機会がない。	⇒活躍できる場面を用意し、やりがいや充実感をもてる支援を行う必要がある ⇒部活内トラブルについて、関係性を修復するなど、再度打ち込める場として野球部を活用できる可能性がある
ビリーフ	・社会的ルールを守ることに価値を見いだせていない。	⇒社会的ルールを再学習する ⇒A自身が守ってもらえる安心感と信頼感をもてる関わりが必要である

に意味を見いだせない状態にあります（コミットメント）。そして、役割もなく、部活動など打ち込めるものもないため、日常の中でやりがいや充実感をもてる機会に恵まれていません（インボルブメント）。また、自分自身が守られている感覚が十分でないことからも、社会的ルールについて守る意味を見出せていないと理解できます（ビリーフ）。これらの「つながり」を修復するため、関係機関と連携した支援が必要となります。

3 「子ども―社会」関係を形成・維持する学校

　はじめに述べたように、貧困が非行に直結するわけではありません。非行の背景にある複雑に関連した要素の一つとして貧困が存在する可能性があります。「貧困だから」と表面的にとらえることは、ラベリングにしかならず、必要な支援に繋がりません。子ども家庭にどのような困難が生じているのかを、「つながり」を意識しながら、多角的にアセスメントすることが求められます。

　Ａさんの事例からもわかるように、「児童虐待」および「学校不適応」へのアプローチが支援の重要なポイントになると考えられます。

　子どもは、主に家庭と学校を介して、ソーシャル・ボンドを形成し、「社会」とつながっ

ています。しかしながら、「児童虐待」によって子どもと家庭・親・きょうだいとのつながりは分断され、「学校不適応」によって子どもと学校・教師・仲間とのつながりは分断される可能性があります。そして、社会とのつながりが奪われた結果、非行に至ってしまうリスクが高くなります。さらに、非行は社会的な逸脱行為であることから、その状態が継続すれば、将来的に貧困に結びついてしまう可能性があります。

　子どもの貧困にかかわって、学校だからこそできる役割は、困っている子どもを早期発見し、困難な状態にある子どもを学校社会になんとか繋ぎ留め、子どもの育ちに寄り添い、必要な関わりをもっていただくことです。児童虐待の早期発見・対応も、学校不適応の予防・対応も、学校だからこそできる役割です。なお、学校における子ども家庭支援のポイントは、「現在」だけでなく、5年後、10年後のニーズを予測しながら、アセスメントにもとづいた必要な支援を実施することです。貧困にかかわるケースについては、公的機関による経済的支援も大切ですが、とくに貧困の「連鎖」をいかに断ち切っていくか、そのためには、たとえば進学支援とモデルの確保が重要になります。そして、家庭と子どもの関係を維持・修復するためには、関係機関が担うべき役割があります。そのため、学校には必要に応じて、子ども家庭と関係機関をつなぐことが期待されます。

　これらの学校の役割によって、「子ども—社会」関係を形成・維持し、子どもが未来を切り拓いていくことが可能となります。

[参考文献]
『いじめとは何か　教室の問題、社会の問題』森田洋司 (2012) 中公新書
『平成23年版　犯罪白書』「第7編第4章第2節6　学校生活に対する意識」

子どもを支援するためのソーシャル・ボンドの視点

ハーシ（T.Hirschi, 1969）は、「社会に対する個人の絆」をソーシャル・ボンドとし、この絆が弱くなったり、失われたりする時、人は非行や犯罪をすると主張しました。この理論の特徴は、基本的に人は非行や犯罪をする存在であるととらえ、「なぜ人は非行や犯罪をしないのか」という角度から、非行や犯罪を抑制する4つの要素を明らかにしたことにあります。非行に至った子どもの現状理解および必要な支援を考える際に、有効で実践的な理論であると考えられます。ソーシャル・ボンドは、「アタッチメント」「コミットメント」「インボルブメント」「ビリーフ」の四つの要素で構成されています。関連する研究結果等とともに、以下に、簡単に説明します。

アタッチメント（attachment）

アタッチメントとは、家族や仲間、あるいはクラスや学校という大切な他者や集団への愛情や尊敬など情緒的なつながりの絆を指します。この絆による非行の抑止効果は、たとえば、非行への誘惑が生じた時に、親の姿を思い浮かべて思いとどまることができるというものです。ハーシは、親子間の親密なコミュニケーションによって子どもは親に愛着を持ち、「同一化」を示すことで非行の機会も少なくなることを研究によって明らかにしました。

これに関わって、『平成23年版　犯罪白書』における非行少年を対象にした意識調査において、「あなたが法律で禁じられているような『悪い』ことをしようと思ったとき、あなたを思いとどまらせる心のブレーキになるものは何ですか」という質問に対して、若年犯罪者では、少年院送致歴のある者の一部が、心理的抑止となるものがないと回答していることから、これらの者では家族、地域社会との絆が薄れ、孤立化している可能性が指摘されています。

なお、アタッチメントは、親子間だけでなく、教師と子どもの間にも形成されると理解できます。斉藤和範[1]は、非行少年および男子高校生を対象とした研究や女子非行の研究をとおして、教師への「愛着」が「初発型非行」（万引きや自転車盗などの軽微な非行）に対して有意な抑制効果をもつことを明らかにしています。

コミットメント（commitment）

コミットメントとは、行為を選択する際に働く功利的なつながりの絆を指します。簡単に言えば、損得勘定のようなものです。それまで築き上げたものや投資してきたことを失う恐れによって、規範（社会的ルール）を逸脱する行為を思いとどまり同調するなど、得るものと失うものを比較して合理的に行為を選択するため非行が抑制されると考えられます。

ハーシは、非行少年は希望する学歴や職業への実現の見込みが低くなりがちであり、低い地位に甘んじる将来ならば何も傷つかないため非行に及んでしまう恐れが高いことを示しています。

また、森田洋司[2]は、先に示した損得勘定による「規範への同調を介した社会とのつながり」に加え、「ニーズの実現の見込みを介した社会とのつながり」と「社会的役割を介した社会とのつながり」があることを示しています。「ニーズの実現の見込み」にかかわっ

ては、困ったときに支えてくれる人がいる、学校で学ぶことが役立っているなどのベネフィットがあり、学校という場が自分のニーズを叶えてくれる場であるかどうかも、コミットメントのつながりを形成する契機となるとしています。

たとえば、このことから、子どもが夢を持つことの意味を説明することができます。夢があれば、勉強をする意味を見出すことが可能となり、それを支援してくれる教師とのつながりも強化され、学校への帰属意識が高まります。それによって、夢に向かって努力した分だけ、失うもののリスクが大きくなるとともに、教師とのアタッチメントが形成され、ソーシャル・ボンドが強化されることになります。

これに関わって、鎌原雅彦によって、一般群（一般中学生）と非行群（鑑別所中学生・補導中学生）を比較した結果、「進学希望」という将来への展望が、一般群と非行群の違いをみる上で、相対的に重要な要因であることが示唆されています。

インボルブメント（involvement）

インボルブメントとは、日常生活のさまざまな活動に参加することによって、集団や社会とのつながりをもつ絆を指します。充実感や充足感を持てたり、自己実現によってつながりが強まると考えられます。森田[2]は、授業のなかで学習意欲を引き出したり、体験活動を通じて達成感を持たせたり、褒めることで自己肯定感を築くことによって、子どもが自分なりの充実感を見いだせ、時間やエネルギーを投入し、学校社会へのソーシャル・ボンドが形成されるとしています。学校には、授業をはじめ、部活動や行事、委員会・係活動など子どもが主体的に参加し、充実感や達成感を持てる場面が多くあります。アクティブラーニングが言われて久しいですが、これ

らを活用することによって、教育的効果だけでなく、子どもと学校社会とのつながりを形成する意味があると理解できます。

また、仕事や所属の有無と再非行の関係については、これまでに明らかにされていますが、たとえば『平成28年版　犯罪白書[4]』によると、保護観察処分少年、少年院仮退院者共に、保護観察対象少年の再処分無職であった者は、有職又は学生・生徒であった者と比べて、再処分率が顕著に高いことが示されています。この結果からも、仕事や所属、社会的役割の重要性が理解されます。子どもが参加することによって学校社会に居場所を確保することはもちろんのこと、私たちには、子どもが10年後、20年後に、それぞれの状態に適した仕事や社会的役割を確保することを視野に入れて支援することが求められています。

ビリーフ（belief）

ビリーフとは、法律をはじめ社会規範の正当性への信頼感によるつながりの絆を指します。社会的ルールを守ることは自分たちや集団にとって大切だと信じることが出来たり、悪いことをすれば必ず何らかの罰を受けるなどと考えたり、私たちは規範観念によっても社会とつながっています。

『平成26年度文部科学白書[5]』において、「世界トップレベルの学力と規範意識等の育成を目指す初等中等教育の充実」が掲げられ、生徒指導のあり方として、「学校においては、日常的な指導の中で、教師と児童生徒との信頼関係を築き、全ての教育活動を通じて規範意識や社会性を育むきめ細かな指導を行うとともに、問題行動の未然防止と早期発見・早期対応に取り組むことが重要」であることが示されました。

これはソーシャル・ボンドの視点からも、有効な方針であると考えられますが、規範意識は指導のみによって形成されるのではな

く、前提として、学校社会への信頼感や自分自身も守ってもらえる安心感が必要であると考えられます。

[参考文献]
Hirschi, T. (1969)『Cause of Delinquency』University of California Press.（森田洋司・清水新二監訳『非行の原因―家庭・学校・社会へのつながりを求めて〔新装版〕』文化書房博文社、2010年。
上田光明「犯罪・非行をしないのはなぜか？」岡邊健編『犯罪・非行の社会学』第9章、有斐閣ブックス、2014年。

[注]
⑴斉藤和範「非行的な仲間との接触　社会的ボンドと非行行動―分化的強化仮説と社会的コントロール理論の検証」『教育社会学研究』71、2002年、131-150頁。斉藤和範「女子非行の発生要因に関する実証的研究―分化的強化理論と社会的コントロール理論の検証―」『東京大学大学院教育学研究科紀要』第42巻、2002年、131-137頁。
⑵森田洋司『いじめとは何か　教室の問題、社会の問題』中公新書、2012年。
⑶鎌原雅彦「第3部第5章　学校要因からみた一般群と非行群の違い」内閣府『非行原因に関する総合的研究調査（第3回）』1999年。
⑷『平成28年版犯罪白書』「第5編第1章第5節5　少年の保護観察対象者の再処分の状況」。
⑸『平成26年度文部科学白書』「第2部第4章　世界トップレベルの学力と規範意識等の育成を目指す初等中等教育の充実」

解説

貧困・非行・虐待にかかわる法制度の理解と活用

児童虐待にかかる通告

　児童虐待にかかる通告の対象となるのは、「身体的虐待」「性的虐待」「ネグレクト」「心理的虐待」の疑いのある児童であり、通告は「児童虐待防止法」（第6条）および「児童福祉法」（第25条）に基づく、私たちの義務です。

　なお、虐待の定義に関わって、次の点にとくに注意が必要です（表1）。

表1　虐待の定義に関わって特に注意が必要な点

虐待種	注意点
身体的虐待	・身体に外傷が「生じるおそれのある暴行」も含まれます。傷あざがないから、虐待ではないとは考えません。暴力をふるわれたことが分かれば、通告の対象となります。
性的虐待	・外傷が見えにくい分、とくに発見が難しい虐待です。 ・性的虐待が疑われた場合に、「本人が受けたと言わない」ということで、疑いしいその他の事実をないものとすることは非常に危険です。子どもは様々なことを心配して事実を言えないことが往々にしてあります。 ・女子児童のみが被害の危険があると思われがちですが、男子児童の被害も珍しくありません。
ネグレクト	・ネグレクトとされる「長時間の放置」に関して、保護者が子どもを置いて夜中に出かけている場合、「遊び」ではなく「仕事」だから虐待ではないという理解はしません。どのような事情があったとしても、子どものみで長時間放置されるリスクは高いことを意識する必要があります。
心理的虐待	・子どもが保護者から直接的な攻撃をされていなくても、DVを目撃していれば、心理的虐待の被害にあっていると理解します。DVについては、父母間の身体的暴力に限らず、その他の心身に有害な影響を及ぼす言動を含みます。

児童虐待を発見した際に、「親御さんもがんばっている」「子どもは親から離れたくない」「通告しても変化が望めない」などと思ってしまうことがあるかもしれません。しかし、その「思い」は、責任を回避する理由にはなり得ません。通告にあたっては、いったんさまざまな「思い」は切り離し、まずは「責任」を果たすことが私たちには求められます。担任をはじめ、発見した教職員は管理職に報告し、管理職は学校の責任として通告することが必要です。また、学校での記録等が関係機関にとって虐待対応に関わる重要な根拠になります。なお、「児童虐待防止法」は、虐待の「疑いのある児童」を通告の対象としています。虐待の有無を学校で調べてから通告する必要はありません。虐待対応をめぐって不明な点がある場合は、スクールソーシャルワーカーを活用しながら関係機関と事前に共通理解を図っておくとよいでしょう。

要保護児童対策地域協議会（要対協）

要保護児童対策地域協議会とは、保護者がいない、または保護者に監護させることが適当でない子どもである要保護児童（児童福祉法第6条3項の8）や、養育環境に心配のある要支援児童（児童福祉法第6条3項の5）の早期発見や適切な保護を図るために、関係機関が連携・対応していくことを目的とした協議会です。要保護児童には、虐待を受けている子どもだけでなく、非行に関わる子どもも含まれます。

各要対協は要綱に基づいて運営されているため、当該要対協の方針や活動状況を把握したうえで、関係機関と問題意識を共有しながら、非行の子どもについても支援体制が整備されるよう計画的に働きかけることが求められます。当該要対協の運営方針等や連携の方法が不明な場合は、事務局（調整機関）に問い合わせる、SSWを活用する、などの方法

があります。

学校警察連絡協議会（学警連）

文部科学省によれば、学校警察連絡協議会とは、警察と学校が非行防止に関する情報を積極的に交換し、共同して取り組むべき具体的措置を協議するなど、青少年の非行防止に関して協議を行う場として、警察署ごとに、または市町村その他の区域（中学校区など）ごとに、警察と学校とが参加する組織のことです。同様の目的で、学警連のほかに補導連絡会が開催されている場合もあります。

学警連は原則として、協定に基づいて実施されます。47都道府県中39都道府県が協定を締結しており、20の指定都市中14市が締結しています（文部科学省調査による、平成27年3月13日時点）。協定は、児童生徒の非行、問題行動及び犯罪被害の防止並びに健全育成を推進するため、警視庁・道府県警察本部と教育委員会が締結しています（文部科学省児童生徒課「川崎市における事件の検証を踏まえた当面の対応方策」中央教育審議会初等中等教育分科会配布資料、平成27年4月21日）。各学校と各警察署は、連絡等の対象となる事案について、児童生徒の氏名等も含めて情報を交換しますが、協定によって対象となる事案が異なったり、情報共有について本人や保護者同意を求める場合があります。学警連を活用するためには、運営方針について教育委員会に問い合わせるか、警察署のホームページなどで公開されている協定書の内容を確認しておく必要があります。

少年司法制度の流れと手続き

少年司法制度にかかわって、たとえば満14歳で自転車を盗んだA少年の場合、刑罰法令に触れる行為（窃盗）をしたため、図1における「犯罪少年」として扱われるものと考えられます。自転車盗は、次のいずれかの

刑罰法令に抵触する可能性があります。

◆窃盗（刑法235条）

　他人の財物を窃取した者は、窃盗の罪とし、十年以下の懲役又は五十万円以下の罰金に処する。たとえば、駐輪場から盗むなど、持ち主（占有者・管理者）がいると認識しながら（故意）、Ａが自転車を盗んだ場合、これに該当する。

◆遺失物等横領（刑法254条）

　遺失物、漂流物その他占有を離れた他人の物を横領した者は、一年以下の懲役又は十万円以下の罰金若しくは科料に処する。たとえば、すでに盗まれるなどして、放置された自転車をＡが盗んだ場合、これに該当する。

　刑罰法令に触れる行為をした場合、非行少年は、警察の事情聴取（調査）を何度か受け、罰金刑以下の罪であれば警察から直接家庭裁判所へ送致され（少年法第41条）、その他の罪については検察に送致されたのち（刑事訴訟法第246条）、検察から家庭裁判所に送致

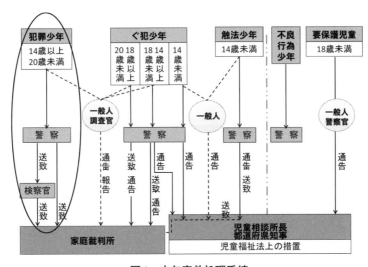

図1　少年事件処理手続

（内閣府『平成28年版子供・若者白書』p97を一部改変）

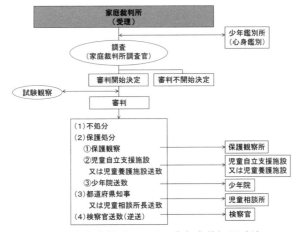

図2　家庭裁判所における少年事件処理手続

（内閣府『平成29年版子供・若者白書』p103を参考に筆者作成）

されることになります（少年法第42条）。いずれにせよ、少年は家庭裁判所に送致されることになっています（全件送致主義）。したがって、Aの処分は図2の流れで、家庭裁判所において手続きがなされると考えられます。

事件が送致されると、家庭裁判所調査官が、本人や保護者、関係機関に対して社会調査を行います。その結果、審判に付すことができないか、または本人が十分反省し、すでに再非行のおそれがないなど審判に付すことが相当でないと判断された場合は、「審判不開始」という決定に至る可能性があります。

審判に付される場合は、「不処分」「保護処分」「都道府県知事または児童相談所長送致」「検察官送致」のいずれかの決定がなされます。なお、「不処分」「審判不開始」が見込まれる場合、家庭裁判所によって、たとえば清掃活動や自転車盗防止講習などの教育的措置が実施されることがあります。

長期欠席児童生徒の安否確認の重要性

2015年2月に発生した「川崎市における中学1年生殺人事件」を背景に、同年3月31日付で、文部科学省初等中等教育局長通知「連続して欠席し連絡が取れない児童生徒や学校外の集団との関わりの中で被害に遭うおそれがある児童生徒の安全の確保に向けた取組について（通知）」が出されています。

再び同様の事件が起こることを防ぐためには、実施内容について今後も継続されることが必要であると考えられます。

たとえば、「学校における緊急点検項目」として、表2の内容が示されています。

「児童生徒の『被害のおそれ』に対する学校における早期対応について【指針】」（平成27年3月31日）では、連続欠席等による被害のおそれが生じた時の早期対応のあり方について具体的に提示しています。

なお、長欠児童等の安否確認にかかわって、学校教育法施行令は第19条において、校長は、常に、その学校に在学する児童生徒の出席状況を明らかにしなければならないとし、同第20条において、義務教育段階の児童生徒については、校長は休業日を除き引き続き7日間出席せず、その他その出席状況が良好でない場合において、その出席させないことについて保護者に正当な事由がないと認められるときは、速やかに、その旨を当該学齢児童又は学齢生徒の住所の存する市町村の教育委員会に通知することとしています。

管理職や生徒指導担当が中心となって長欠児童等の校内支援体制を整備するとともに、教育委員会や警察をはじめ関係機関との連携についても事前に確認しておくことが求められます。当該ケースのリスクアセスメントや、関係機関との連携のあり方などについて

表2　学校における緊急点検項目

☑	学校における緊急点検項目
☐	・学級の中に「被害のおそれ」のある児童生徒がいないかを各担任が確認しているか
☐	・特に支援が必要な児童生徒やその家庭に係る状況は適切に引き継がれているか
☐	・組織的対応を行うための校内の体制は整えられているか
☐	・担任等から管理職等に情報共有を行うべき事案が校内で明確に整理されているか
☐	・警察への相談・通報や、市町村・児童相談所等への相談・通報を要する事案が校内で明確に整理されているか
☐	・警察をはじめとする関係機関の連絡窓口は把握しているか。校内の担当者は明確か
☐	・児童生徒を見守る地域との連携体制は整えられているか
☐	・PTA等に対し児童生徒を地域で見守る必要性を説明しているか

は、スクールソーシャルワーカーを活用すると スムーズに行うことができる可能性があります。

法務少年支援センター（少年鑑別所）

　法務少年支援センターとは、非行・犯罪に関する問題や、思春期の子どもたちの行動理解等に関する知識・ノウハウを活用して、児童福祉機関、学校・教育関係機関、その他の関係機関と連携を図りながら、地域における非行・犯罪の防止に関する活動や、健全育成に関する活動の支援などに取り組んでいる、少年鑑別所法第131条に基づいた施設です（法務省矯正局）。検査等による子どもの能力・性格の調査や問題行動の分析や指導方法の提案、心理相談などが実施されています。

　非行の専門家である法務技官（心理）、法務教官、児童精神科医などが所属する機関であるため、本人の性格特性を専門的に分析したうえで、学校の枠組みのなかでの支援のあり方等についての助言や情報提供が期待できます。

　各法務少年支援センターによって、業務内容が若干異なるため、連携に当たっては事前に確認する必要があります。もちろん、その

際に勝手に個人情報を伝えることは許されません。枠組みを意識して、個人情報保護に関して細心の注意を払いましょう。

生活困窮者自立支援制度

　生活困窮者自立支援制度とは、さまざまな困難のなかで困窮している人に包括的な支援をする制度です。生活保護に至る前（再受給を含む）の自立支援が必要な人を対象としています。内容は「自立相談支援事業」「就労準備支援事業」「就労訓練事業」「住宅確保給付金の支給」「家計相談支援事業」「生活困窮世帯の子どもの学習支援」「一時生活支援事業」です。

　相談窓口は自治体によって異なり、福祉事務所等の行政機関が担当している場合もありますが、多くは社会福祉協議会やNPO法人、社会福祉法人などに委託されています。

　厚生労働省「生活困窮者自立支援制度／制度の紹介」からは、一般向けのリーフレットや自立相談支援機関窓口情報等などがダウンロードできます。

　http://www.mhlw.go.jp/stf/seisakunit-suite/bunya/0000073432.html

第6章

家族のケアを担う子どもとの出会いから

　私たちが、家族のケア・介護を担う子どもたちに出会うことは珍しくありません。

　イギリスでは、病気や障害のある親、祖父母、兄弟等家族を介護する18歳未満をヤングケアラーと定義し、20年以上前から民間団体が支援に取り組んでいます。日本でも、介護を担う15歳から29歳の若者が17万人を超えている（総務省「平成24年度就業構造基本調査」）ことや、ソーシャルワーカー等の３人に１人が「子どもが家族のケアをしていると感じた経験」を持ち、孤立無援の状態にいる事例の報告（「ヤングケアラーに対する医療福祉専門職の認識」澁谷智子、2014年）もあり、データによる可視化もすすみつつあります。

　実際には、家族のケアを担う子どもたちの多くは、家族のケアについて積極的に語ることはありませんが、家族構成を聞いただけでも「もしかして……」と気付くこともあれば、大人びて落ち着いているのに、忘れ物が多かったり、家庭生活に関する質問にポイントがずれた返事をしたりして、発達面でのアンバランスさを主訴に、担任の先生から相談されるケースもありました。

　家族が不調なときは、子どもであっても、サポートする側になることもあり、そういった経験が、子どもの自己肯定感を高めたり、家族のつながりを強めることになったりもします。しかし、未成年の子どもが、成人同様の責任を負いながら、家族のケアを担うということで、家族生活における親子関係の逆転、不登校などの教育問題、社会的な孤立に象徴される社会生活および友人関係の問題、低所得と貧困に見られる経済問題、人格形成の問題や就職の問題がある（三富紀敬『イギリスの在宅介護者』2000年、ミネルヴァ書房、393-481頁）と言われています。

　「気になってはいたけれど、教師としてどこまで対応したら良いのか……」

　「安易に声をかけることが、本人のプライドを傷つけてしまうんじゃないか……」

　そんな思いを抱えている先生方も少なくないと感じています。しかし、忘れ物の多さ等の学校生活上の問題が、介護を担う子どもたちの発見につながることが多く、学校はその発見に大きな役割があるとも言われています（北山沙和子・石倉健二「ヤングケアラーについての実態調査―過剰な家庭内役割を担う中学生」兵庫教育大学学校教育学研究第27巻、2015年、

25-29頁）。

　この章では、家族のケアを担う子どもたちの姿を示しつつ、教師の「気づき」「発見」が、どのように子どもの生活や学習、生き方の権利保障につながっていくのか、考えてみたいと思います。

1　ヤングケアラーの存在への気づき

(1) 支援の中心にある保護者とその子どもたち

　「あの子、小さい時のわたしみたいなんだ……」

　心療内科の待合室。少し離れたソファーで母親に寄りかかりながらゲームをしている小学校低学年ぐらいの男の子を見つめながら、Aさんはつぶやくように言いました。Aさんは、中学までは母親と二人で暮らしていましたが、母親が精神科に入院することになり、今は祖母と暮らしています。高校2年生になり、不眠や怠さを訴えて、欠席することが増えてきました。高校は出席状況によって、進路変更も考えなくてはなりません。Aさんの希望もあり、スクールソーシャルワーカーである私は、医師や医療ソーシャルワーカーの意見を聴くために、受診同行をしていました。生徒との受診同行時には、待合室で過ごす間に、思いがけない話を聞くこともあります。Aさんと男の子の外見から共通点を見つけられなかった私は、「似てる?!」と問いかけました。Aさんは「顔じゃないよ」と笑いました。

　Aさんは小さい頃から、毎週火曜日は、母親の精神科の受診に付き添う日だったこと。母親が「薬を飲まないと死んでしまう……」と言ったことがきっかけで、服薬したことが確認できないと学校を休んでしまうこともあったそうです。学校を休む時には、「頭が痛い」「おなかが痛い」と体調不良を訴え、学校の先生に母親の様子を伝えることはありませんでした。

　辛かったけど、人に心配されるのも嫌だったと言い、「ニコニコして良い子でいれば、誰も余計なことは聞いてこないよ」と、重たい雰囲気にならないように気遣ったのか、おどけて笑顔をつくりました。最近では、自分と同じペースで受診しているその親子が、付き添いをしているのが男の子のほうであることに気付き、自分自身の小さい頃の記憶がよみがえり息苦しくなったこと。それでも、男の子のことが気になって、同じ曜日に予約を入れてしまうことも話してくれました。

　「何もできないんだけど、あの子にも誰かいてあげないと……」

そう言いながらAさんは男の子をじっと見つめていました。男の子はゲームに夢中になっているのか、正面からは、ゲーム機に顔が隠れて表情が見えません。しばらくして母親が呼ばれると、ぱっとゲームを中断して、母親について診察室へと入っていきました。Aさんは診察室のドアが閉まるのを見届けると、ため息をつき、目を閉じました。

　その後、Aさんと相談し、クリニックの医療ソーシャルワーカーに自分自身の体験とその男の子が心配であることを伝えることにしました。医療ソーシャルワーカーは、Aさんの話を丁寧に聞き取り、男の子とその母親に声をかけてみるね、と約束してくれました。Aさんは少しほっとしたようでした。受診時には学校を続けたいとの意思表示をし、母親への思いを整理していくために、受診に合わせて心理士のカウンセリングも受けることになりました。ただ、今日の話は祖母には言わないでほしい、今以上心配をかけたくないからと、医療ソーシャルワーカーや医師にも口止めをしていました。帰り道、スクールソーシャルワーカーも今回の話は祖母に伝えないことを約束しつつ、たまには、自分の気持ちを優先して考えてみることを提案してみました。Aさんは「うーん……」と少しためらった後、これまで、自分の気持ちよりも母親がどう思うか、どうして欲しいのかを考えて行動してきたと話してくれました。今度から、何かに迷う時には自分だけで考えずに相談してほしいこと、相談すれば自分だけでは想像もつかなかったアイディアがあるかもしれないことを伝えました。Aさんは「それは良いね、ちょっと面白そうだね」と、何度かうなずきました。

(2) 社会的孤立の中で生まれ育つということ

　Aさんの母親は、Aさんが2歳の時に、父親のDVで離婚し、それまで生活していた地域から逃げるように、知り合いのいない地域へ引っ越しました。母子家庭で育った母親はひとりっ子で、親戚付き合いもほとんどなく、父親との結婚を反対されたことをきっかけに祖母とも疎遠になっていました。父親に引っ越し先が知られることを警戒して、引っ越し後は、それまでの知り合いとは連絡をとっていません。PTSDとうつ病のため、精神科に通院しながら、飲食店に勤務し、なんとか二人の生活を維持していました。

　Aさんは小さな頃からおとなしく、一人での留守番や家事をお願いされても、素直に聞き入れていました。その頃、誰かに相談するという気持ちになれなかった母親は、申し訳ない気持ちと、こうするしかないという諦めのような気持ちで揺れ動き、ときには死んでしまいたいと思いながらも、Aさんの成長が楽しみでもありました。Aさんが小学校にあがる頃、生活が苦しく、生活保護も考えましたが、メディアで取り上げられる生活保護にまつわる問題が頭をよぎりました。生活保護を受給することでAさんがいやな思いをし

たら……と、誰にも相談しませんでした。

　母親も、経済的に苦しかった小学生の頃、学用品が揃わなかったり、お風呂に入るのも週に1回程度であったり、そのことが原因で同級生からいじめられたこともありました。母親は、自分自身とAさんを重ねつつ、同じ思いはさせたくない、傷つかないように守ってあげたいという思いから、「家のことは誰にも話してはだめ」「Aちゃんを守ってあげられるのはお母さんだけ」と言いながらも、「お母さんが病院に行く時に一緒に行ってくれると安心する」「Aちゃんがいてくれることが心の支え」と、小学生のAさんにとっては、頼りにされて嬉しい気持ちと、重たい期待で揺さぶられてしまうような言葉かけをしていました。

　母親が調子を崩すと、同じタイミングでAさんも体調不良を訴え、学校を休むようになりました。母親は自分に合わせて休んでいることを察しながらも、心身ともに辛い時に、一緒にいてくれることの安心感を優先してしまい、Aさんの訴えのまま、休ませていました。担任の先生からは、学校生活で心配なことがないかとの声かけもありましたが、Aさんは「学校生活は楽しい」と話し、登校すれば友だちと仲良く過ごすことができていたため、大きな問題にはなりませんでした。母親は、担任の先生の優しく落ち着いた声かけに、自分のことも話してみたい気持ちになりましたが、父親とのことや、これまでの人間関係のさまざまなトラブルを思い出し、話をすることを諦めました。Aさんも母親も、今の生活に苦しさを感じながらも、誰かに話をしたり相談するエネルギーはすでになく、現状を保つことが精一杯だったのです。

　Aさんが中学生になった頃、母親は少しずつ調子を崩し、入院での治療が必要となったことから、突然、家庭の様子が明らかとなりました。病院からの連絡で、祖母がAさんを預かることになりました。学校にも連絡があり、担任の先生がかけつけると、Aさんは「先生も忙しいのに、心配かけてごめんなさい」と落ち着いた様子で言いました。担任の先生は、「もっと早く話をしてくれていれば……」と言いかけたものの、とっさに自分に何ができたのかと考えてみると、言葉にすることができなくなり、どうにか「大変だったね……」と声をかけたのでした。

(3) 子どもたちのセルフスティグマ──語らない・語れない理由

　ケアを担う子どもたちの家庭環境は、ひとり親家庭、貧困、家族の障害や病気、依存症、保護者が外国籍であることなど、さまざまな生活上の困難が絡み合っていることが多いのですが、自らその困難を積極的に話そうとするケースは少ないように感じています。ヤングケアラーの親のなかには、学校生活に問題を抱えていることを知っていても、家庭内で

の役割の多さから生じるさまざまな制限を「やむを得ない」と考えていることもあるようです（前掲『イギリスの在宅介護者』）。もし、小さな頃からそういった親の考えのもとで育ってきたとしたら、自分自身の友だち関係や学校よりも、家事や親のケアを優先することに疑問すら感じないようになるかもしれません。また、精神的に不安定な親のなかには、子どもに対して依存的になったり、悩みを打ち明けたり、成長の段階にふさわしくない情緒的成熟を求めることもあります。そこには、親の病気だけでなく、家族そのものが外部とのつながりが少なく、孤立していることなども影響していると考えられます。

　なかには、親の不安定さの原因は自分にあると感じている子もいます。その感情は、自尊感情に影響し、友だちの話やメディアに出てくる家族の在り方と、自分自身の家族の在り方に違いを感じることで、自分に問題があるから……と、ますます自分を責めてしまうこともあります。Ａさんも、母親との生活を振り返りつつ、「自分がいい子じゃなかったから……」「自分のせいだから……」と、自分を責めていました。

　こういったさまざまな要因が重なることで、自身に対する否定的な態度であるセルフスティグマとなり、だれかに相談することを躊躇させ、だれにも気付かれないよう沈黙してしまうこともあると考えられます。

　ケアを担う子どもたちすべてにセルフスティグマがあるわけではありませんが、長期に渡りケアを担うということは、大人であってもメンタルヘルスに問題が生じやすくなります。環境調整され、ケアを担う必要がなくなるだけでは解決しない問題もあり、ケアを担う子どもたちの問題は、環境調整と心のケアを並行して行う必要があると考えられます。もし、ケアを担う子どもたちに出会ったら、何もできないと見過ごさずに、本人の気持ちを尊重しながらも、相談することで、自分自身だけでなく家族にとってもより良い生活につながることを丁寧に伝え続けることも、大切なかかわりであると感じています。

2　家族の問題を自分で解決しようとする生徒

(1)　学校を休む原因は「自分」

　文部科学省の「児童生徒の問題行動等生徒指導上の諸問題に関する調査」における小・中学生の不登校の要因は、本人に係る要因を分類、学校・家庭に係る要因を区分として整理されています。本人に係る要因は5項目、学校に係る要因として8項目、家庭に係る要因は、家庭に係る状況として1項目にまとめられていますが、家庭に係る要因の全体を占める割合は、小学校は約6割、中学校は約3割と、けっして少ない値ではありません。ま

た、学校に係る要因の中には、把握されていないケアを担う子どもたちも含まれていることが推察されます。高校生になると、健康上の理由等により出席日数が配慮されることもありますが、基本的には出席日数や履修状況等により進級することが難しくなり、通信制への転学や退学を選択するケースも少なくありません。

　高校２年生のＢくんは母子家庭、中学生の弟との三人暮らしです。成績は学年の中位、卓球部に所属し、週末はアルバイトもしています。充実した高校生活を送っているように見えるものの、体調不良を理由に遅刻や早退、欠席が目立ちます。担任は、個別面談時に、体調不良が続いていることが心配であること、高校では欠席が続くと進級できなくなることを伝えつつ、何か困っていることがないか確認しましたが、「大丈夫です」「少し休めば治るので……」とだけ答えて、何も話そうとしませんでした。担任は、教員経験が２年目で担任は初めてでした。生徒に年齢が近いこともあり、他の生徒からは、友だちのような感覚で話しかけられたり、相談されたりすることもあります。Ｂくんの固い表情に戸惑いつつ、「何かあったらいつでも話してね」と声をかけて面談を終えました。面談後も登校状況が改善されなかったので、母親とも話をしようと何度か電話をしましたが、留守電になっていました。１年生の時の担任の話では、時々欠席はしたものの、進級に影響するほどではなく、特に気になる様子は見られなかったようでした。

　あらためて学校での様子を観察してみると、温和で友だちからの声かけには丁寧に対応するものの、自分からは積極的に関わろうとしないようでした。同じクラスの生徒と交際しているようで、休み時間には、たびたび二人で話し込んでいました。他の生徒との雑談のなかで二人について聞くことがありましたが、「見ていて嫌な感じはしないけど、二人しかわからないような話をしている感じ」「よくわからないけど近づきにくい……」と、クラスの中で少し孤立した存在になりつつあるようでした。交際している生徒も、未納金が多く、お昼は食べたくないと言ってお弁当を持参していません。二人とも家族に何か問題を抱えているようでした。

　ただ聞き出すだけでは、好奇心で聞いているみたいで傷つけてしまうかもしれない。進級に影響があるほどの欠席も赤点もなく、対応に悩んでいるところに、Ｂくんの弟が通う中学校を担当しているスクールソーシャルワーカーから連絡が入りました。Ｂくんの弟も学校を休みがちで、ここ数日は連絡もなく欠席が続いたため、担任とスクールソーシャルワーカーが家庭訪問をしたところ、母親の調子が悪く、兄弟で母親のケアをしているようなので、Ｂくんの家族のためのケース会議をして、今後のことを考えていきたいという内容でした。弟から、母親の調子が悪いことが多く兄と協力して家事をしていること、夜中に母親に起こされて眠れないときがあること、母親は不安になると兄に早く帰ってくるよ

うお願いしていることなど、Bくんが家庭の中で大きな役割を背負っていることがわかりました。スクールソーシャルワーカーから「Bくんは高校生ですが、この家族にとってはキーパーソン。ケース会議にはBくんも参加してもらうことになるかもしれない」「Bくんと話がしたいので、担任の先生からも今回のことを伝えてほしい」という話もありました。

(2) 自己有用感と共依存

担任がBくんに話をすると、最初はムッとした表情で黙っていましたが「自分もよくわからないことが多いので、学校でできることは何なのか、他の先生にも相談したいと思っている、Bくんも誰かに手伝ってもらって、学校に通いやすくなると良いと思っている」と担任が率直な思いを伝えると、Bくんは納得したようでした。

放課後、スクールソーシャルワーカーが来校してBくんと面接をしました。Bくんの希望で、担任も同席することになりました。Bくんは、面接直前まで「話したほうがいいんですよね……」と、自分に言い聞かせるように何度もつぶやいていました。面接では、小学校低学年時に両親が離婚した頃から、家事をしてきたこと。母親は半身に軽い麻痺があり、体が思うように動かないことから外出したがらず、人付き合いもほとんどしないので、自分が話し相手になってきたこと。アルバイトを始めたのは、週末、母親と1日中過ごすことが息苦しい時があり、出かける理由が欲しかったこと。毎月、生活保護の窓口にバイト代の報告に行きながら、少し話を聞いてもらったり、ほめてもらえることがうれしかったこと。窓口で何度か相談したいと思ったが、言い出せずにいたことを話してくれました。母親から「Bがいないと困る、Bしか頼りにならない」「家のことは恥ずかしいから誰にも言わないで」と言われ続けてきたこと。自分でも、自分がいないと母は困るだろうな……と思ってきたし、家のことを話すのは恥ずかしいと思っていたので、母親の言うことをそのまま受け止めて、誰にも相談してはいけないと思っていたこと。「今も、話しながら、話していいのかなって迷ってます……」と言いながらも、面接の後半には少し笑顔も見られました。

スクールソーシャルワーカーは、Bくんに今の状況をエコマップに書いてみることを提案しました。Bくんは、自分、母、弟、彼女、生活保護だけ書くと、「あとはよくわからない」と、書くのを止めてしまいました（マップ1）。スクールソーシャルワーカーから、これからBくんの家族が、今よりも生活しやすくなるように、みんなで話し合っていきたいこと、Bくんも自分の思いや希望を話してほしいことを伝えました。

最初は悩んでいたものの、自分が知らないところで自分の話をされたり、決められたり

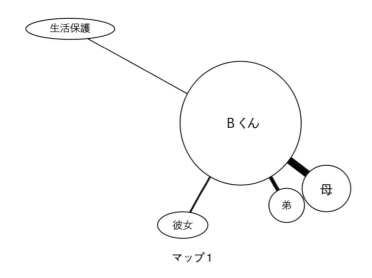

マップ1

するのは嫌だからと、ケース会議への参加を決めました。また、面接でスクールソーシャルワーカーに話した内容も、ケース会議に参加する人になら話してもいいとBくんの許可を得ました。「自分のことだけど、何度も話すのはちょっとキツイ」というBくんのつぶやきに、スクールソーシャルワーカーは「話してくれてありがとう」と労いました。担任は、スクールソーシャルワーカーがBくんを対等な目線で労うことに一瞬違和感を覚えましたが、Bくんのホッとした表情を見ながら、教員とはまた違った立場で生徒に関わるスクールソーシャルワーカーの姿勢を知る機会ともなりました。

(3) 自分も家族も孤立しないネットワーク

　スクールソーシャルワーカーは、今回のケース会議の目的として、母親への支援内容を一緒に確認することでBくんに安心して自分自身のことを考えてほしかったこと。これからの生活をサポートしてくれる人に実際に会い、話をすることで、つながりを実感してもらえたら、と考えていました。スクールソーシャルワーカーは、生活保護のケースワーカーと話し合い、メンバー構成と当日話し合う点について整理しました。その後、ケースワーカーが家庭訪問し、ケース会議の目的について母親に説明しました。母親は「学校には行ってほしいと思っている。でも、体がきついし、うつ病もあって落ち込みやすい。Bは気が利くし、つい頼りたくなってしまう……」と、正直な気持ちを語ったそうです。ケースワーカーは、母親の気持ちを受け止めつつ、母親が孤立しないためのサポートを検討すること、Bくん兄弟の自立に向けて必要なことを、今から少しずつ一緒に考えていきましょうと、母親にケース会議への参加をすすめました。

　ケース会議には、Bくんと母親、祖母、高校からは担任、進路指導担当、中学校からは

担任、養護教諭、保健福祉センターの相談員、民生委員、ケースワーカー、スクールソーシャルワーカーが参加しました。最初に参加者から、Bくんと母親に向けて自己紹介がありました。母親、Bくん兄弟の現状について共通理解をした後、母親の現状とニーズに合わせて福祉サービスも入れていくこと、民生委員の定期的な訪問や祖母の食事のサポート等の提案もありました。また、卒業後の進路について、Bくんから医療関係という希望があったため、進路指導担当から卒業生の就職先や専門学校等の進学先の説明がありました。「できるなら進学したいけど、生保だから……」と言うBくんにケースワーカーは、生活保護でも進学できること、進学のために貯金するのならアルバイト代も控除されることもあることを説明し、スクールソーシャルワーカーはさまざまな奨学金制度について情報提供をしました。母親の了承も得られたので、進路指導担当と話し合いながら、Bくんの希望に沿って、進路選択を進めていくことになりました。また、Bくんから不眠の訴えがあり、心療内科への受診も検討することになりました。最後に、今すぐに改善できそうなこと、時間をかけて少しずつ調整していくことを整理しました。Bくんはその後も定期的にスクールソーシャルワーカーと面接をして、近況報告をしました。

　数か月が過ぎた頃、改めてエコマップ（マップ2）を作成することにしました。Bくんは、家族のことは、いろんな人に助けてもらって落ち着いている、今は、クリニックのカウンセラーと「共依存」をテーマに話していて、自分の問題と戦い中なんだ、と話しながら、時間をかけて書き込んでいました。

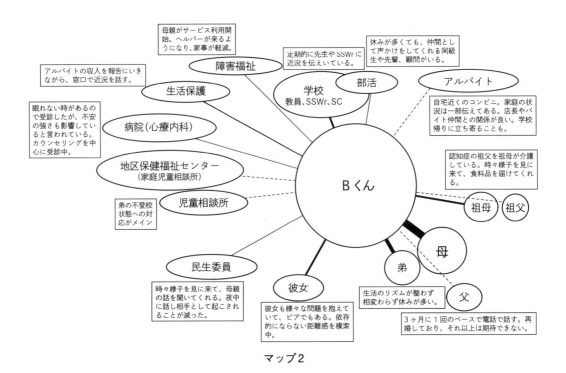

マップ2

貧困問題には、社会的孤立の問題から生じる、関係性の貧困もあります。Bくん家族のようにつながりが少なく、子どもや特定の人に頼らざるを得ない状況も、関係性の貧困と言えます。関係性の貧困は早期発見が難しく、いくつもの問題が複雑に絡み合っていることが多く、時間をかけて丁寧に対応していくしかありません。学校を卒業しても、メンバーの入れ替わりがあっても、連続性のある地域でのネットワークを構築していく必要性があると言えます。

3　日常の延長線にある進路選択

(1) 介護の仕事に就きたい

　高校3年のCくんの父親は、Cくんが小学校低学年の時に交通事故に遭い、それからは車椅子で生活をしています。事故から間もなく、母親は家を出て行ってしまいました。それからは、生活保護を受け、福祉サービスを利用し、近隣で暮らす祖母や叔母のサポートを受けつつ、父親、Cくん、高校1年の妹とで生活してきました。Cくんは、トイレの介助や食事の用意のために、学校が終わるとすぐに家に帰っていました。父親が体の痛みを訴える時には、マッサージをすることもあったようです。父親はふだんは穏やかで、Cくんや妹の学校の話を聞いてくれるのですが、声をかけてもぼんやりしていたり、訪問介護員を怒鳴ることもありました。Cくんはいつからか、父親の様子をみながら話題を選ぶようになりました。また、父の具合が悪くなったとき、祖母から「Cたちを施設に預けることも考えている」と言われたこともあり、今の生活を維持するためにも、自分ががんばるしかない、と考えていました。

　高校3年生となり、進路選択をする時期となりました。Cくんは就職を希望し「介護」の仕事に就きたいと話しています。小さい時から訪問介護員を見ているCくんにとって「介護」は身近な仕事です。何人かの訪問介護員から、手際の良さを褒められたり、「優しい子だね」「えらいね」と労われることもありました。Cくんにとっては、自己肯定感や自己効力感を感じる瞬間でもあったようです。また、祖母や叔母も近くに住んでいて、ときどき家に来たり差し入れをしてくれることもありますが、二人とも病気や障害があり働いておらず、身近に就労している大人がいません。他の職業に関しては、「イメージがわかない」「難しい気がする」「介護以外の仕事は続かない気がする」と、不安そうに語っていました。

　学校におけるキャリア教育は、「キャリア教育総合計画」が進められ、小学校低学年か

ら職業観・勤労観を育むための取り組みがなされています。職業的発達に関わる諸能力は、人間関係形成能力（自他の理解能力、コミュニケーション能力）、情報活用能力（情報収集、探索能力）、将来設計能力（役割把握・認識能力、計画実行能力）、意思決定能力（選択能力、課題解決能力）の４領域８能力から基礎的・汎用的能力へと展開し、人間関係形成・社会形成能力、自己理解・自己管理能力、課題対応能力、キャリアプランニング能力の４本柱で示されています。職業観・勤労観を育む学習プログラムの枠組み（例）を見てみると、小学校低学年の段階で、家の手伝いや割り当てられた仕事・役割の必要性がわかることや、身近で働く人びとの様子がわかり、興味・関心を持つことも、職業的（進路）発達を促すために育成することが期待される具体的な能力・態度に含まれています。ケアを担う子どもたちにとっては、ここで期待されているものだけでなく、その家庭ならではの能力・態度を身につけていることがあり、ケアを担う子どもたちのキャリア発達は、家庭環境に大きく影響されていると言えます。

⑵ オシャレの理由

　中学校時代のCくんは、不登校ぎみでしたが、フレックスの高校に進学後は、休みも少なく登校しています。制服もなく校則も緩やかで、「自分に合っている」と友人や先生に話しています。父親のケアを担いながら生活していることも話すことがありますが、「ヘルパーさんに簡単レシピを教わった」「お父さんが眠れないって言うので、夜中に一緒に観た映画のDVDが意外と面白かった」など、自分のことを知ってもらいたい半面、まわりに心配をかけないよう、楽しい話題を選択して話しているようです。

　Cくんは、髪型や服装にこだわりがあり、流行にも詳しく、まわりの生徒からはオシャレだという定評もあります。家庭は大変そうなのに、学校では誰にでも優しく、オシャレでトリックスター的なCくんは、他の生徒にとって気になる存在にもなっています。そうしたCくんが自身のことを話すことで、家族の問題を抱えつつ登校している生徒が「自分も……」と話し出すことも少なくありません。なかには「経済的な余裕はないはずなのに」「洋服にお金をかけるなら、お昼にお弁当を持ってきたらいいのに」「遊びに誘っても断られることが多い、付き合いが悪い」など批判的な言葉を聞くこともあり、Cくんの耳にも入っているようですが、気にする素振りは見せずにマイペースに過ごしています。

　お弁当を持参していないCくんは、昼休みは保健室や図書室で雑誌を読んだり、その場にいる生徒や先生に気さくに声をかけて話をしています。定期的に学校訪問をしているスクールソーシャルワーカーにも、「今、困っていることはないな」「相談してもどうしようもないことってあるよね」と言いつつ、見かけると声をかけて話をしようとします。内容

はファッション関係の話が多く、洋服はファストファッションのセールやフリーマーケットで買ったり、髪は知り合いに無料でカットしてもらっているようでした。スクールソーシャルワーカーがやりくり上手だとほめると、Cくんは「大人なのに、優先順位が違うとか言わないんだね」と、少し安心した表情になり、「オシャレをしていれば、だいたいその話で終わるし。貧乏だとか苦労しててかわいそうだとかって、上から見られたくないんだよ……」と、少し本音を語ってくれました。就職の話にも触れ、「ファッション関係に興味はあるけれど、仕事にするのは大変そうだし、無理だと思ってる」「オシャレな介護職をめざすよ」と、Cくんにとってのオシャレは、自分を守るための手段になっているようでした。

　最近では、100円ショップやファストファッション等で、日用品のほとんどを安価に揃えることができます。種類が豊富で、好みで選択することができたり、流行の最先端を取り入れていることもあり、購入の決め手が値段だけではなくなっていることから、子どもたちの持ち物や服装だけでは家庭の経済状況を推察することが難しくなっています。なかにはCくんのように、意識的にカモフラージュしている貧困家庭の生徒も少なくありません。見た目に違いがなくなったことで、本人の恥ずかしさは軽減したとしても、根本的な困り感は解消していません。むしろさまざまなサポートが届きにくくなっている面もあると言えます。

(3) 一度は家を離れても……

　スクールソーシャルワーカーは、Cくんの気持ちを受け止めつつ、Cくんの卒業や就労は家族にとっても変化の時であることと、生活保護のケースワーカーにも就労に対する思いを伝えてみることを提案しました。Cくんはこれまで数人のケースワーカーと出会ってきましたが、中学校時に担当だったケースワーカーから学校を休みがちになっていることを厳しく指導されたことから、担当者が代わった後もケースワーカーとは距離を置くようになっていました。「面倒だから、大丈夫です、わかりました、としか言わないんだ」と言いながらも、「妹も2年後には就職するし、いろいろ聞いておいたほうが良いのかな」と、生活保護のケースワーカーと話をすることに納得したようでした。

　高校新卒者の就労内定率は、97.6％と高い値を示していますが、3年後の離職率は39.2％と、数値からも継続することの難しさが感じられます（厚生労働省「新規学卒者の離職状況」「平成25年度高校・中学新卒者の就職内定状況」2013年）。離職の理由としては、仕事が向いていないことに次いで職場での人間関係が多く、背景には仕事のマッチングの難しさや本人のソーシャルスキルの不足、ストレス耐性等に関する問題も含まれていると考え

られます。

　また、家族のケアを担ってきた子どもたちは、家族のケアをすることで評価され、感謝されてきたことと、就労後の評価の違いにギャップを感じたり、傷つくこともあるようです。Cくんも、ケースワーカーと相談し、卒業後は家を離れて寮のある介護の仕事に就いたのですが、家族のことが心配で、1か月も経たないうちに離職し家に戻りました。5月の連休明けに学校に現れたCくんは、「夢と現実のギャップ」「これくらいのことで誰かに相談したら悪いな……、と思っているうちに、仕事に行けなくなった」「帰ったら、親も妹もホッとしてるみたい」と、離職前後に本人が感じたことを、担任やスクールソーシャルワーカーに語りました。ケースワーカーからは、離職したことは責められなかったものの、Cくんの自立に向けて父親の福祉サービスの見直しもしたので、再就職に向けてがんばってほしいと言われているようでした。

　Cくんは、元気そうに振舞っているものの、だいぶ自信も無くなっているようで、改めてハローワークに行くこともできずにいるようでした。スクールソーシャルワーカーはCくんにジョブカフェや若者サポートステーションなど、若者の就労をサポートする機関を紹介しながら、人に頼ったり相談することができるようになることも、自立には大切なことだと伝えました。Cくんは、その場では返事をしなかったものの、数日後には自ら若者サポートステーションに出向き、ジョブカフェにも電話をかけたようでした。

　数か月後、Cくんは自宅近くの会社に再就職しました。就労後も、若者サポートステーションにはときどき顔を出しているようでした。久しぶりに担任に電話をしてきたCくんは、「仕事はなんとか続いている」と話し、「学校を卒業すると、ちょっと話を聞いてくれる人って、あまりいなくなるね」と少し寂しそうに、学校生活を懐かしんでいたようでした。担任とスクールソーシャルワーカーは、しばらくはCくんを支える関係機関と定期的に情報交換をしながら、ネットワークが定着するようにサポートしていくことなどを話し合いました。数年後、Cくんの妹が就職する時には、Cくんが自らいくつかの機関に妹を連れて行くなど、関係機関との信頼関係が築かれていることを感じるようなエピソードもありました。

4　ヘルプサインが出しやすい関係性を築くには

(1) 信頼関係の日々の積み重ねから

　ケアを担う生徒のなかには、人に頼ったり助けてもらうことに対して、過剰に気を遣っ

たり、遠慮をする生徒も少なくありません。その背景には、人のために何かをするということがどれほど大変なことであるのかを実感しているだけでなく、自分には誰かに労力を割いてもらったり、時間をかけてもらったりする価値がないと思い込んでいるなど、自己肯定感や自尊感情が年齢相応に育まれていないことが影響している場合もあります。また、高校生ぐらいになると、ケアを担ってきた期間が長いケースも多く、その環境に慣れ、家庭内での役割を義務として果たしている生徒もいます。「家族のこと」は他の人に話してはいけない、と言われて育ってきた生徒もいます。「家族のこと」には生徒自身が担っているケアもおのずと含まれるため、重要でハードな役割を担っているにもかかわらず、重ねて家族の秘密を守って過ごさなくてはなりません。そのような状況が長期間続いていたケースには、「家族のこと」を話したり相談することは良くないことと考えているケースもあります。また、支援の必要性を感じた教師が、その生徒にスクールソーシャルワーカー等に相談するように勧めても、勧められたから来ただけと、ずっと沈黙したままになることもあります。

　相談することに対してハードルの高い生徒は、相談につながるために、スクールカウンセラーやスクールソーシャルワーカーと挨拶やおしゃべりを通じて日常的に顔を合わせたり、グループワークをしたり、信頼関係のある教師から相談することのメリットを伝えてもらったりなど、日々の細やかな関わりを積み重ね、ときには愚痴の言える関係性を築くことが、信頼関係を築くための一歩となると言えます。

(2) 「自分」が中心となる未来を描いてみる

　ケアを担うようになってからは、自分を二の次にして生活してきた生徒も少なくありません。日々の積み重ねから、自分のことを優先的に考えることが苦手になっている生徒もいます。しかし、高校卒業後の生活を考えるとき、就労や進学など、自分を中心として未来を考えなければならない時が来ます。身近に就労している大人が少なく、就労のイメージが描きにくい生徒もいるようです。また、学校を卒業すると、家族以外の人が家庭の様子を知り、介入できる機会がますます少なくなります。進路選択の時期に、ケアを担っていたことが明らかになり、進路選択と同時進行で家族への支援が進むこともあります。進路に関する話を聞くときには、ふだんはあまり聞くことのないような家庭の様子についても丁寧に話を聞くことで、進路の方向性が大きく変わることもあります。

　高校生の進路選択には、卒業というタイムリミットがあることから、さまざまな事情が明らかになると、一般的な就労支援よりも対応することが増え、生徒本人も対応する学校も慌ただしく、焦りを感じることもあります。時間がないなかで、これまでさまざまな経

験から培ってきた職業観を見直す作業も必要となりますが、ここで丁寧に対応しなければ、夢と現実のギャップが明確化するだけで、明るい未来が描きにくくなります。職業観を育むひとつのきっかけとして、地域でのインターンシップやボランティアなど、地域での就労体験ができると、職業観が育まれ、実現可能な就労を検討する機会となるだけでなく、地域とのつながりができ、社会的孤立を予防したり、さまざまな人の価値観に触れる機会にもなります。アルバイトが就労観をさらに深める経験となることもあるのですが、家族のケアを担いながらアルバイトを継続していくことは大変なことであり、精神的に余裕がなくなってしまうこともあります。しかし、時間がない時こそ、実際に動かなければならないことも少なくありません。生徒がひとりで進めるにはハードな作業であることから、短期目標をこまめに立て、定期的に進捗状況を確認しつつ、伴走してくれる人を作ることも重要です。それでも、あきらめることになるかもしれません。あきらめる時こそ丁寧に、本人と話し合う時間を持つことが重要です。こういった時間を作れる機会は、卒業後はほとんどありません。担任や進路指導、管理職、スクールソーシャルワーカーなど複数の大人のサポートを得ながら、自分を中心とした将来を考えるということは、さまざまな承認や、応援される機会ともなり、自己肯定感や自尊感情を高めることにもつながると考えられます。

Q&A

見えない貧困と支援を
可視化するために

　孤立する家庭が多くなり、教師には家庭に入ってほしくないということも多くなっています。しかし、子どもの問題を解決するためには、多くの場合、どうしても家庭の協力が必要になってきます。子どものために、家庭と連絡しなければならないことは多くあります。そんなとき、どうすればいいでしょうか？

　親が教師を「信頼できる人間」だと思わない限り、それはむずかしいと思います。場合によっては、教師と家庭との間を悪化させることもあります。では、どのように貧困家庭や複雑な家庭に入っていくことができるのでしょうか。

子どもを認め、励ましすことで生まれる信頼関係

　時間をかけて、あせらずに、その子の良さやがんばりを丁寧に伝えていくことです。些細なことでも電話で連絡して、子どものがんばりや成長を伝えます。できれば、子どものがんばりは保護者のおかげだと、保護者も励ますことです。

　保護者に「この先生は、子どもを大切にしてくれるかもしれない」という気持ちが生まれると、教師を受け入れてくれるようになります。そこを丁寧にやっていくと、教師の話も聞いてくれますし、困ったことについて話をしてくれるようになるかもしれません。わが子が認められ、自分も大切にしてくれる他者に対しては、敵対心をいだきません。

　そういうこともせず、困っていることを直接聞き出そうとしても、警戒して話してくれませんし、「なぜそんなことまで踏み込んでくるのか」と、怒りの気持ちさえ生ずることになります。まずは、信頼関係です。

なかなか言えないことだから、より強い「つながり」を

　貧困家庭や複雑な家庭には、言えないことがたくさんあります。おそらく困難な状況がたくさんあるのでしょう。かんたんに踏み込んではいけないと思います。

　どうしても聞かなければならないときは、子どものためにやむを得ず聞くのだということを話すべきです。そして、聞くことによって改善することを説明すると、話しやすくなります。教えていただいたことでどんな良いことがあるのか、子どもをどう成長させることができるのか、できるだけ具体的に、明確に話すべきです。そして、話してもらったら、感謝の気持ちを伝えましょう。同時に、その後、どうなっているかを丁寧に伝え、つなが

りを持つと良いと思います。

　聞くだけ聞いてそれで終わりでは、保護者は「やっぱり」と不信に思い、二度と話をしたくなくなるでしょう。ずっとつながっていくことが大切です。より強くつながるために、聞いた後のフォローが重要と言えます。

　貧困家庭は、孤立していることが多いので、励ましてくれる他者がいるとわかれば信頼を寄せてきます。数少ない信頼できる人間として見てくれるからです。

子どもの姿を通して、家族も励ます

　子どもががんばっていると、両親をはじめ家族の励みになります。（そうでない場合もありますが）家族の励みになるはずだと信じて、実践していくことが求められます。

　子どものがんばりをていねいに伝え、その背景には家族の協力や努力があると、話していきましょう。保護者や家族を見ているわけではないので、直接ほめたり励ましたりすることはできません。でも、子どもの姿を通して保護者や家族をほめることはできます。子どもも保護者も家族も励ましていきたいものです。

教師も楽に、ゆったりと、仲間とともに

　大変な家族を前に、どうしていいかわからなくなってしまうことも多くあると思います。本当に大変です。でも、問題ばかりを見るのではなく、子どもの良さやがんばりに注目しながら、ゆったりと接することも大切です。

　教員への評価が厳しくなるなかで、「自分の学級は……」と、精神的に追い詰められてしまうことも多くなってきました。しかし、誰もがうまくいくわけではありません。かつて家本芳郎先生は、教育実践が3割うまくいったらすばらしいと、おっしゃられました。学級づくりで3割うまくいったらすばらしい、ということです。そんなものかもしれないと思って、ゆったりと子どもに接すると、子どももホッとするのかもしれません。

　ある先生は、私の学級がゆったりとしていると言われた上で、「私は、どうしてもがんばれオーラを出してしまい、子どもも私も苦しくなる」と打ち明けられました。ゆったりと、楽しみながら過ごす。それは、貧困や家庭崩壊で苦しむ子どもにとっても、安全で楽しい学校生活が送れることにつながります。

　教師も、一人で苦しみ、悩まないことです。職場でなかなか話せないときは、サークルや学習会に参加して、話を聞いてもらうことだけでも楽になります。無理をしないでいきましょう。

「自分でやりますから」と、他者の関わりを拒む人にどう働きかければいいでしょうか？

「支えられる力」が出せない

　人は、支援や「つながり」が必要だと思われるのに、「大丈夫、自分でやるから」と言って、他者との関わりを拒むことがあります。では、どのような状況や条件があれば、他者との間に「つながり」ができるのでしょうか。

　「人は一人では生きていけないのだよ」と子どもたちに論す教員にも「自分のやり方を否定されたくない」⇒「これ以上はできない」⇒「だから、ほっておいてほしい」と反応する場面があるかもしれません。チーム対応が当然視されている学校ではいざ知らず、担任や担当の「力量重視」の風潮が強い学校では、「同僚に支えてもらう」＝「力量がない」という評価につながります。その結果としての「抱え込み」から、悪化の一途をたどることがあります。

　また、ふだんは支援する立場にいる人でも、問題の渦中に身を置く当事者になっている場合があります。その状況が深刻なほど視野が狭くなり、自身や課題を冷静に分析し、見通しをもって対応することができず、その結果、支援を求めるタイミングを逸してしまうこともあるでしょう。

　このように、「支え合い」が大切であるとわかっていても、他者からの評価を気にして「支援」を求めることができないまま疲弊していたり、困難を抱えながらも自分なりに精一杯がんばっているだけに、見通しが立たないまま余裕と自信がなくなって「支えられる力」を失っているときが誰にでもあります。

　そのようなときは、まず「支えられる力」が出せるような支援が必要になります。

他者に関わりを求めてもらうための秘訣

① 安心・安全な関わりの場

　私たちは、自ら他者と関わるとき、一定の条件の有無を考えるのではないでしょうか。なかでも関係の中に「安心・安全」があるという条件は必須だと思います。とくに、自分を守るために他者との関わりに強い不安感や不信感をもつ場合は、他者との関わりによって自分がどのような困難を抱えることになってしまうかと恐怖を覚えることもあるでしょう。そのように考えると、ある人が他者と関わる場面では、最低でも次のような条件を必要とするはずです。

1、傷つけられないこと

2、受け入れられること

3、認められること

4、尊重されること

5、少しでも自分のプラスになること

　これらをクリアしたところから、信頼関係構築の第一歩がスタートします。それは、「支えられる力」を少しだけ取り戻すためのプロセスでもあります。

② 不安や課題への気づきを促す

　かたくなだった保護者や子どもが「あ、そうか」と、問題を認識する場面に遭遇することがあります。多くの場合、支援者は何気なく傾聴・受容・共感を示しながら、相手の「気づき」を促すべく、相手の語りを要約したり、言い換えたりして、相手にフィードバックしています。

　そのとき、当事者の前向きな考えや取り組みをおさえ、自ら受け止め、かつ、解決できそうな課題に気づく状況が生まれるように意識することがポイントです。

③ 当事者ができることから、つながっていく

　そして、その課題解決は**当事者ができること**から**スタート**し、そこに**支援者も少しだけ参画する**という協力関係、つまり**負担にならない小さな「つながり」**を作るのです。

④ 支え、支えられる喜びが力になる

　他者との関わりは、**自分の存在価値を認識する機会**にならなければなりません。人に支えられるだけでなく、人を支えることができる喜びを実感できたとき、新たな力がわき出てきます。

　「支えられる力」が出てきた人は、負担にならない程度の他者からの「お願い」に応えようと、大きな力を発揮することがあります。その力が「つながり」のなかで状況を好転させていく原動力になることがあります。

貧困問題を教育相談委員会などでの組織的対応につなげるには、どうすればいいでしょうか?

機能的・合理的な学校組織

　貧困問題への対応は、経済的困窮だけでなく、背景にある多様な課題に目をむけなくては効果がありません。すると、校内のひとつの委員会だけの対応では解決不可能であることがわかります。つまり、学校対応になって初めて「組織対応になる」と言えるのです。

　子どもにとって有益な対応は、教師にとってもやりがいを感じる対応です。そのような場面はアセスメントをふまえた「チーム対応」を実践している学校で多く見られます。

　このような学校では、アセスメントのプロセスで子どもに現れる事象の背景を見極め、それを踏まえた具体的な対応策を各部会や委員会で役割分担し、常に情報共有しながら役割を遂行しています。また、日常的に関係機関と連携する窓口が、校内の情報を一元化できる仕組みをもっています。つまり、縦横に有機的に連携できる組織体制をもっているのです。

　子どもに現れる事象の背景に「子どもの貧困」に係る多様な問題が存在しているにもかかわらず、「不登校」は教育相談委員会、「非行」は生徒指導委員会というように、事象だけで区別された不合理な組織体制の学校は、子どもにとっても教師にとっても「やりにくい」学校環境を作ってしまいます。場合によっては、それが「貧困問題」の渦中にある子どもへの適切な支援を遅らせ、または将来の「貧困問題」を形成しているかもしれません。

貧困問題の背景にある虐待問題（DVを含む）と学校の役割

　貧困問題の背景に、虐待の世代間連鎖を見ることがあります。児童虐待の防止に関する法律第1条では、「児童虐待が児童の人権を著しく侵害し、その心身の成長及び人格の形成に重大な影響を与えるとともに、我が国における将来の世代の育成にも懸念を及ぼす」と述べているように、児童虐待は大きな問題です。

　そこから読み取れることは、児童虐待という環境問題が、個々の子どもの教育とそれを実現する学校の役割の遂行そのものを阻害するということです。学校と教職員は、子どもを守るのはもちろんのこと、職務遂行の必要においても児童虐待防止と支援について積極的に取り組む必要があります。

　そして、それを理解したとき、縦横に有機的に連携できる機能的・合理的なチーム対応が可能となる組織体制の必要性を実感するのではないでしょうか。さらにそのような学校

組織が、「子どもの貧困問題」のような子どもの多様で複雑な背景に横たわる問題に対応する力をもつことも理解できると思います。

校内組織図を点検する

　スクールソーシャルワーカーは、学校アセスメントをしますが、そのときに必ず行うのが、学校組織図の吟味です。組織図を見れば、その学校の子どもへの対応のプロセスがある程度イメージできるからです。校内外の連携がしやすい学校システムをもっている学校は、それが組織図に反映されています。

　子どもの背景を見立てて（包括的アセスメント）、それに応じて各委員会や学年団が役割分担をし、常に情報共有しながら対応を図っていけるのか、情報共有や役割分担の流れに矛盾が生じる図式になっていないか、など勤務校の校務分掌表や組織図でシミュレーションしながら点検してみると、各学校に適した組織対応の図を描くことができるでしょう。ぜひ、管理職と一緒に試してみてください。

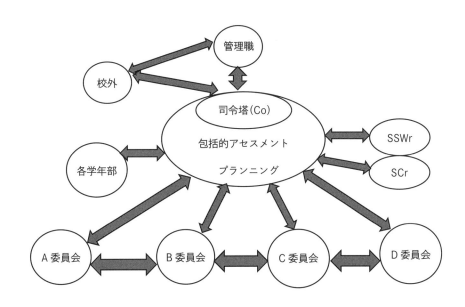

給食費の滞納がある親との話し合いをどう進めればいいでしょうか？

学校事務職員とつくる話し合い

　中３の２学期末のことです。給食費に滞納があるお母さんを学校に呼んで話し合う場面。担任と校長、学校事務職員が会議に出席しました。

> 担任：お母さん、支払いはどうでしょうか。
>
> 母　：月々の収入がすくなくて。
>
> 校長：でも、お宅のごきょうだいはみんなスマホを持ってますよね。
>
> 母　：……（黙ってしまう）

　さて、みなさんが学校事務職員だったら、この後の会話をどんな言葉でつなぎますか。少し自問自答してみてください。

　また、会議の司会を誰がするのかによっても、大きく違います。校長が司会をすると話し合いの結論と目的が徴収という１点に絞られます。スクールソーシャルワーカーが司会する機会があるとすれば、中立・公平な立場でありつつも、その後直接的に納入を助成する社会的サービスを提示したり補佐したりする立場としては、司会であることに不具合もあります。担任は、これまでに幾度も徴収を促してきた立場として、親に申し訳ないという思いをもたせており、家庭状況を知る者として遠慮もあり、その意味でもやりづらさがあります。ゆえに、学校事務職員の方が司会の役割を担うということも考えられます。基本は、誰がお母さんの側につく（寄りそう）のかという点です。この考え方が欠かせません。

貧困への気づきは家庭の学校参加への入口

　学校給食法11条を見てみましょう。「経費の負担」について述べた部分です。

> ・学校給食の実施に必要な施設及び設備に要する経費並びに学校給食の運営に要する経費のうち政令で定めるものは、義務教育諸学校の設置者の負担とする。
>
> ・前項に規定する経費以外の学校給食に要する経費（学校給食費）は、学校給食を受ける児童又は生徒の学校教育法第十六条に規定する保護者の負担とする。

　「口に入るものは自腹」という根拠が、ここに示されていることになっています。学校給食を受ける＝お腹に入るものだから実費徴収は当たり前という思想があります。給食費

を全額無償にしている自治体もありますが、きわめて少数派です。

あるいは、病院への受診や乳児医療は無償化だからタダでしょ。病院に連れて行かないのは親の怠慢、とでも言うような声もあります。しかし、医療費無料は、病院の受付窓口に保険証を提示できる人に限られていることを知らない人もいます。

さらに、長く不登校にあって集団行動ができないから修学旅行に行かないと見られている子どものなかに、保険証のコピーを事前に学校へ提出したり当日持参できないために、本当は楽しみにしている修学旅行に行けないという例があることも知られていません。

貧困の問題は、子どもが学校に通うこと、楽しい学校生活を送ることにとても大きな課題になります。子どもだけではなく、保護者にとっても、学校とのつながりや距離感に大きな影響を与えます。そのなかで、給食費をめぐる会話は、家庭と学校とのつながり直しや関係修復の大切な機会になります。

インテーカーとしての学校事務職

学校事務職の役割はとても大切です。学校への連絡は一本の電話から始まることが多くあります。その際、「誰にどう、何をつなげるか」はもちろんですが、そのときの相手への対応のあり方が大切です。相談室や受付窓口にいるインテーカーを例に取ると、身だしなみ、傾聴、共感、自己覚知の四つのポイントがあります。学校への電話や保護者の来校時の初発の印象は、とても大切です。相談者から見た自分の印象を客観的に認識したうえで、相談者が話しやすいような雰囲気をもつような身なりを意識する必要があります。

次に傾聴です。自分や家族だけの力では解決できない問題や悩みを持つ相談者は、二重の不安を抱えています。それは、「抱えている問題そのものの不安」と「今抱えている問題についてしっかりと相談に乗ってもらえるかどうかという不安」です。一つめの不安は、最終的に問題が解決しても、全面的な解消には至らないことがあります。しかし、傾聴を通して問題の全容が明らかにできたり、一つの糸口を発見したりすることで問題が緩和する場合もあります。そのためにも、二つめの不安がインテークの段階で取り除かれると、不安全体の軽減につながりやすくなります。こちらから相談者に寄り添っていることを伝え（共感）、関係をつくることが欠かせませんが、逆に、急いで問題を絞り込んだり、安易に問題解決を請け負ったり約束してしまってはいけません。インテーカーとして、相談に対して冷静な反応ができているのかという自己覚知が問われます。

時間警備や業者警備の学校が増えるなかで、教職員の出勤前や退勤後は「守衛さん」が電話の応対にあたることも少なくありません。その人が翌朝、先生たちにどんな記録（メモ）をどう残すのか。こんなところにもきめの細かさが求められると思います。

教育相談の充実をめぐって、スクールソーシャルワーカーの役割をどう理解すればいいでしょうか？

教育相談の充実──スクールソーシャルワーカーの職務内容

　学年の中では話題になっても、校内の委員会にはなかなか家庭の貧困の問題があがらない。「挙げる」「挙げない」という判断が学校の組織にはあります。組織というフィルターがある、といってもよいと思います。その結果、担任が一人で抱えこむ個別業務になってしまいます。

　2017年1月に『児童生徒の教育相談の充実について──学校の教育力を高める組織的な教育相談体制づくり（報告）[注]』が出されました。スクールソーシャルワークに関心のある人びとにとって、大きなエポックになりますので、少し解説したいと思います。全文をゴチックにしたいところですが、まずはゴチック体のところに注目してください。

> SSWは、**児童生徒の最善の利益を保障するため、ソーシャルワークの価値・知識・技術を基盤とする福祉の専門性を有する者**として、学校等においてソーシャルワークを行う専門職である。スクールソーシャルワークとは、不登校、いじめや暴力行為等問題行動、**子供の貧困、児童虐待**等の課題を抱える児童生徒の**修学支援、健全育成、自己実現**を図るため、ソーシャルワーク理論に基づき、児童生徒のニーズを把握し、支援を展開すると共に、保護者への支援、学校への働き掛け及び**自治体の体制整備への働き掛け**を行うことをいう。そのため、SSWの活動は、児童生徒という個人だけでなく、児童生徒の置かれた環境にも働き掛け児童生徒一人一人の**QOL（生活の質）の向上とそれを可能とする学校・地域をつくる**という特徴がある。

　児童生徒の最善の利益の保障とは、子どもの権利条約に根っこをもつ語句です。このことを業務内容に位置づけたことは画期的であり、文部行政史上大きな出来事です。ソーシャルワークの専門性と専門職性の表記は、これからの人材採用の基準になります。子どもの貧困や児童虐待・ネグレクトといった表現も個々の業務において、児童福祉関連法規に根ざすことの裏付けになります。

　修学支援は就学支援と異なり、入り口から学業の過程、出口を見通し、日頃の授業観察や面談に関わること。健全育成は学校・家庭・地域との協働、自己実現とは個々の学校生活にとどまらず子ども個々の生き方や将来展望にも積極的な関与が求められていることに

なります。とても大きなことですが、自治体や教育行政、学校への体制整備や提案が業務として認められることになります。生活の質については、その向上の部分にこそ重きが置かれる文言だと思います。最後の「つくる」とは日本の地域福祉の根源ではないでしょうか。このなかには、改正児童福祉法や社会福祉の関連法規や諸サービスを示しています。

自治体や教育委員会への働きかけと個別支援計画の立案

　目を引くのは、予防的側面では、自治体の特徴・ニーズを把握して自治体に向けて助言を行うという業務です。個別支援や介入支援の側面では、「支援計画」や支援策を立案することも求められます。子どもや保護者へのよりそいや見守り、関係調整、会議出席とともに、立案という文書による表明が義務づけられるわけです。アセスメントに欠かせない教育行政からの情報提供やその収集、地域からの聴き取りなどは、周囲の関係者からの協力と信頼関係がなくてはなしえません。その意味でスクールソーシャルワーカーが活動しやすい環境を生み出す教職員やスクールカウンセラーの役割が大切になります。

　適切なアセスメントを受けることは、子どもにとって大切な権利であり、スクールソーシャルワーカーや教職員の義務・責任となります。情報公開や個人情報の問題で、記録に残さないという生徒指導の風潮に対する一つの問題提起でもあります。

教育相談コーディネーターの役割

　今日、常勤のスクールソーシャルワーカーやスクールカウンセラーを学校に配置・増員し、スクールカウンセラーについてはすべての必要な学校、教育委員会及び教育支援センターに、スクールソーシャルワーカーについてはすべての中学校区及び教育委員会に常勤で配置をめざすことが適切だと言われています。そのなかで、学校における教育相談体制について、校長が「教職員、スクールカウンセラー、スクールソーシャルワーカーが一体となった教育活動をおこなうために子どもの状況や支援の状況を把握し、校内及び関係機関等との連絡調整」を行い、「児童生徒の抱える問題の解決に向けて調整役として活動する教職員を教育相談コーディネーターとして配置・指名し、教育相談コーディネーターを中心とした教育相談体制を構築することが必要」と明記しています。「えっ、教育相談コーディネーター」と、驚きの声もあると思います。しかし、上述してきたように身近な友がいます。コーディネーターの役割において大切なことは、一つのケースをどう問題解決に至らせるかという「ミクロ」な視点ではなく、学年間や関係する委員会などの組織間の調整です。まず、そばにいるスクールソーシャルワーカーに、ひと声かけてみましょう。

　［注］http://www.mext.go.jp/component/b_menu/shingi/toushin/__icsFiles/afieldfile/2017/01/25/1381051_2.pdf

Q6　家庭の中で、親と子の関係をどう修復すればいいでしょうか？

問題はどこにあるのか……

　貧困であっても、良好な信頼関係を構築し、愛情に満ちた家庭はたくさんあります。子どもを貧困の連鎖から解き放つために、教育に力を注ぎ、塾や習い事に積極的に通わせる家庭もあります。

　しかしながら、子どもに過剰に依存したり、学校生活に支障が出るほどの家事を担わせたり、子どものアルバイト代を保護者が自分の趣味やギャンブルに使ってしまうなど、親と子の関係性がゆがんでしまうような行動をとってしまう親もいます。

　家庭内の関係性は、家族以外の人には見えにくく、介入される機会も少ないのではないでしょうか。負担に感じながらも、自分の家族だから、親だから「しかたがない」と我慢していたり、本人にとっては「それが普通」と受け入れている子どももいます。

母親を支える高校生

　高校生のなかには、アルバイト代で学費や定期代、携帯費用などを自分でまかなっているケースもありますが、本人が話さない限り、そういった現状を家族以外の大人が知る機会はほとんどありません。

　ある生徒は、母親との二人暮らしでしたが、母親が帰宅しないことが多く、母親が帰ってきた時に気分次第でもらえるお小遣いとアルバイト代で生活していました。近所に祖母が住んでいましたが、母親のことを聞かれたり心配されることが負担で、できるだけ行かないようにしていました。学校生活は楽しく、アルバイト先が飲食店で食事の補助もあったことから、なんとか友だちと同じように学校生活を過ごせていました。

　ある日、アルバイトから帰ると、母親が帰宅していました。今日中に支払わなければならないので、バイト代を貸してほしいと相談されました。ちょうど新学期になったばかりで、学校に支払うお金が手元にありました。すぐに返す、本当に助かる、感謝していると、今までに見たことのないような笑顔で何度もお礼を言われると、母親の役に立てた、認められたような気持ちになりました。そのままお金を持って出かけて行った母親は、何日も帰ってきませんでした。学校への支払い期限が近づき電話をしても、母親が出ることはありませんでした。

　担任に、次のアルバイト代が入るまで支払い期限を延ばしてもらえないかとの相談が生

徒からあり、何か事情がありそうだと感じた担任からスクールソーシャルワーカーに相談があったことで、家庭の様子が明らかになりました。その後、母親のギャンブルやアルコールへの依存症や双極性障害等の精神疾患、借金問題等も明らかになりました。

しばらくして、母親は入院することになり、生徒は祖母の家で暮らすことになりました。生徒は、それまでは知らなかった母親の精神疾患や、対人関係の問題等も知ることになり、だいぶ落ち込んだものの、母親との関係を築きなおしていくために、高校でSCと面談したり、卒業後の生活に向けてスクールソーシャルワーカーに相談したり、母親の入院している病院では家族教室に入りました。

卒業間近の時期、スクールソーシャルワーカーとの面接で、前と同じ気持ちで母親を好きにはなれないし、また一緒に暮らしたいとは思えない。でも、自分のためにも母親とはつながっていたいとは思うという生徒の気持ちを聞く機会がありました。

未来の家族につなぐ

家族関係においては、それまで構築してきたものが一気に崩れてしまう時もあります。また、大変なことなのですが、家族関係の再構築を担うのが子どもであることも少なくありません。

大人になると、価値観を変えることが難しかったり、治療等のために自分自身の調整をしたり、家族との関係を考える前の段階で時間がかかることもあります。しかし、子どもは成長し、家族以外のさまざまな人とも対人関係を築き、親以外の人と過ごす時間も増えていきます。「子ども」でいられる期間も、そう長くはありません。そういったプロセスのなかで、家族関係の再構築を考えるとき、保護者のそれまでの意向ではなく、子ども自身が保護者とどのような関係性を築きたいのかが、重要なポイントとなっていきます。そして、その考えを実現し、持続するためには、家族の協力はもとより、学校や地域、さまざまな機関のサポートも必要となっていきます。

新たな関係性を考えることは、未来志向にもなり、なりたい自分を考えるきっかけともなります。

Q7 地域の社会福祉サービスを活用するとき、何に気をつければいいでしょうか?

社会福祉サービスを紹介するということ

　社会福祉サービスは、自らの努力だけでは自立した生活を維持できない場合に、人としての尊厳を持って、家庭や地域のなかで、その人らしい自立した生活が送れるようにサポートするものです。

　しかし、社会福祉サービスに関する情報を知る機会がなかったり、理解できなかったり、自らの問題を説明することができず必要な情報にたどり着けないといったケースもあります。

　社会福祉サービスの制度は、改正が行われたり新しくできたり、自治体によってサービスが異なる場合もあります。客観的にサービスを受ける必要性が感じられるケースでも、まずは本人や保護者が自分自身の家庭環境や経済的な問題、病気や障害等について理解・受容していなければ、社会福祉サービスを紹介することでかえって混乱させたり、トラブルになったりすることもあります。なかには、あいまいな情報提供をしたことで期待させたにもかかわらず、結局はサービスを使えなかったということもあります。

　本人が訴える主観的ニーズや、心身状況や家族状況からみえる客観的なニーズ、援助者により判断されるニーズなどをすり合わせて社会福祉サービスの調整が行われるため、情報提供は慎重に行う必要性があります。

　また、社会福祉サービスは、すべての人にとって有効とはかぎりません。人や地域、機関とつながることで、福祉サービス以上の機能を発揮するようになることもあります。

家族をつなぐ

　「家庭の問題が解決しなければ、根本的な問題解決にはならない」と気がついても、保護者にどのように声をかけたらいいのか、学校では対応しきれない問題なのではないか……などと悩んだことがある教師も少なくないようです。

　母子世帯や貧困世帯の親は、健康状態も思わしくないことが多いのです。経済的に余裕がないことから適切な治療を受けていないために働けなかったり、働くことができても不規則であったり、安定した収入が得られないなど、負のスパイラル状態になっているケースもあります。

　所得保障やさまざまな給付等による経済的なサポートだけでは生活環境が改善されない

こともあり、保護者の就労支援や、心身の問題に対する相談事業なども利用して、ライフスタイル全体を見直すことが必要となることもあります。

さまざまな組織や人の見守りや介入により、家庭環境が改善されることも少なくありません。しかし、支援を受けることに対する偏見やスティグマを持つ人や、支援をすすめられるだけで怒りや悲しみの感情を抱く人もいます。そういった家族の思いを最初に受け止めることになるのは、教師をはじめとする学校関係者であることが少なくありません。

支援につなぐ前に、支援を受けることに対する偏見やスティグマを解きほぐすための時間をもつことも必要となります。つなぐ人自身に社会福祉サービスに関する知識がなくても、サービスは与えられるものではなく本人が選択するものであること、利用する人・つなぐ人・援助する人など、関わるすべての人が対等な関係にあること、自分自身も同じような状況になったら専門職に相談する……といった話が、相談に一歩踏み出すきっかけとなることもあります。

高校生活を維持するために

高校生になれば、高校生活を続けるために、あるいは高校卒業後の生活をより良いものにするために、利用できるサービスを検討しましょう。進学校へ入学したものの、発達障害等により特定の教科で赤点が続く生徒、円滑なコミュニケーションができずに孤立してしまう生徒、不安障害やうつ病など二次障害が現れてくることもあります。

思春期から青年期にかかる時期は、統合失調症など精神疾患の好発期でもあります。経済的に苦しい状況にある家族が、命に関わる病気ではないと判断して放置したことで悪化し、その後の治療に時間がかかるようになるケースもあります。早期に医療や福祉サービスを利用することは、学校生活を続けるうえでも大切です。高額療養費制度や自立支援医療制度等を利用することで自己負担を抑え、生活保護受給などで経済状況が安定することで、安心して治療に専念できるケースもあります。

高校生活を続けるうえで、出席日数も関係することから、早期の対応が必要です。治療そのものだけでなく、さまざまな制度についても、早期に医療機関と連携し、相談しておくことも、学校生活を続けていくために必要な支援ではないでしょうか。

おわりに

　本書のタイトルには、「学校づくり」という言葉があります。学校経営や教育課程編成は、ものごとの裁量や計画、決定、そしてその構成員も管理職や主幹（主任）などに限定されますが、学校づくりの担い手は、教師、子ども、保護者、地域の住民や関係機関の支援者などです。「学校づくり」という用語は、古くからこうした意味を込めて使われてきました。

　本書に関心を持っていただいた方々にとっては、ケース会議や話し合いの場は日常的に多くあると思います。その際、話題の中心人物を交えて話がされていますでしょうか。特に学校では、生徒指導や教育相談などに関わる話し合いの場に、本人（当事者）が出席するというスタイル（慣行）はあまりありません。「学校づくり」は、その点に見直しを求めるものです。

　本書の執筆に取りかかっていた時期に、スクールソーシャルワーカーとスクールカウンセラーが「教職員」として位置づけられる法改正がありました。

　スクールカウンセラーであれば、学校における「心のケアにあたる専門家」とか、「心の専門家」といった呼ばれ方が定着してきています。では、スクールソーシャルワーカーはどう呼ばれているのでしょうか。

　2017年4月より、学校教育法施行規則に「スクールソーシャルワーカーは、小学校における児童の福祉に関する支援に従事する」（第65条3）が追記されました。「小学校」や「児童」の部分は、他の諸学校や生徒に読み替えられるものです。短い言葉で示される法律の条文表記の性格上、致し方ないですが「福祉に関する支援」という一文が挿入されました。

　ベテランのスクールカウンセラーに、スクールソーシャルワーカーに向けた期待を尋ねると、次のような声が返ってきます。例えば、地域の社会福祉制度に精通し、この問題は自治体行政のどの部局や関係機関に問いかけるといいかについて詳しい人（行政のしくみに詳しい人）。場合によっては、そうしたところに顔が効きしっかりと発言してくれる人。学校との関係が困難な状態にある保護者と学校とのあいだで調整や問題緩和をはかってくれる人。こういった声です。

　スクールソーシャルワーカーは、「社会福祉分野等の専門的な知識や技術（ソーシャルワークの手法）を用いて、問題を抱える児童生徒への支援を行う専門家」と言われます。その役割は、子どもの問題行動の背景にある家庭の問題など、子どもを取り巻く「環境」に焦点を当ててチーム体制を構築し、関係機関等と連携して問題解決にあたる、と示されることが多いです。しかし、カウンセラーは「個人の内面」、ソーシャルワーカーは「家庭や地域などの環境」と言われてしまうと、「学習や教室、学校のなかでの生活」が抜けてしまいます。本書で述べてきた「子どもの貧困」は、これらのいずれにも偏ることなく、総合的（包括的）に向き合うものです。

　それでは、スクールソーシャルワーカーをどういう言葉で示せばよいのでしょうか。生活の専門家？　社会福祉制度やサービスの専門家？　関係調整の専門家？　私は、「子どものいのちと暮らしを守る専門家」がいいのではないかと思います。

　学校教育のなかで社会福祉の役割をどのように理解するのかは、教職員だけでなく、子どもたちや保護者にとっても同じく求められる必要があります。子どもの貧困と向きあうことは、子ど

もの貧困に携わる多様な人びとがつながりあいながら向き合うことだと思います。

　ところで、SCやSSWという表記があります。メモやケース記録ではDr（医師）やT（教師）、Cl（クライエント）など、略記号で示されることがあります。本書にも逐語録的表記や図表での読みやすさや引用部分などで、SSWやSSWrなどの表現をしているところがありますが、「基本、省略はしないように。一緒に仕事をする仲間を記号化するのはよくないね」と声をかけてきました。本書でも心がけてきたことです。略号や記号化は、専門職をさげすむ表現になっている場合もあります。教師にとっても、カタカナの用語を見ると「また新しい指示や仕事が増えた」という教育現場で働く者としての意識があります。これも全国各地で聞く話です。

　つい、「スクールソーシャルワーカーは〇〇〇」というように、自分が主語になる記載が増えがちになります。今後、子どもや先生や保護者が主語になる文章や記録を意識して書いていくことが大切になると思います。自分が何をしたのかという記載は、無意識のなかでケースの対象や関係者を客体として扱ってしまいます。「実践の主体」は自分以外の人びとです。あるケースとの関わりにおいて、これは私がやることなのか、他の専門家が動くことなのか、他の人に依頼したり相談することなのか、当事者が自立する上でみずから考えてもらうことなのか——実践をする自分自身の気づきだけで物事が動いているわけではありません。自分だけでやろうとしないというメッセージが「子どもの貧困に向きあえる学校づくり」にはあると思います。

　本書の刊行にあたり、かもがわ出版の吉田茂氏に、幾度も相談させていただき進めてきました。文末ながら、この場をお借りして御礼申し上げます。そして、他の執筆者各位にねぎらいと御礼を申し上げます。

執筆者を代表して

鈴 木 庸 裕

【執筆者紹介】

鈴木　庸裕（すずきのぶひろ）序章、Q４・5
福島大学大学院人間発達文化研究科・教授

丹波　史紀（たんばふみのり）第１章
立命館大学産業社会学部・准教授

村井　琢哉（むらいたくや）第２章
山科醍醐子どものひろば・理事長

古関　勝則（こせきかつのり）第３章、Q１
福島市立小学校教諭

佐々木千里（ささきちさと）第４章、Q２・3
名古屋市立大学特任教授／京都市教育委員会等スクールソーシャル
ワーカー・スーパーヴァイザー

梅山　佐和（うめやまさわ）第５章、解説
京都市スクールソーシャルワーカー

朝日　華子（あさひはなこ）第６章、Q６・7
福島県スクールソーシャルワーカー

組版：小國　文男
装幀：加門　啓子

子どもの貧困に向きあえる学校づくり
　　　　―地域のなかのスクールソーシャルワーク―

2018年１月15日　第１刷発行

著　者　鈴木庸裕・丹波史紀・村井琢哉・古関勝則・
　　　　佐々木千里・梅山佐和・朝日華子
発行者　竹村正治
発行所　株式会社　かもがわ出版
　　　　〒602‐8119　京都市上京区堀川通出水西入ル
　　　　TEL 075（432）2868　FAX 075（432）2869
　　　　振替 01010-5-12436
　　　　ホームページ http://www.kamogawa.co.jp
印刷所　シナノ書籍印刷株式会社

ISBN978-4-7803-0946-1 C0037　　　　　　　　　©2018

待望の新刊

まちの子ども
ソーシャルワーク

子どもの貧困対策第２ステージ

幸重忠孝・村井琢哉◉著

かもがわ出版◉2018年刊行予定